역사 속
세기의 로맨스

14 처칠과 클레멘타인

2015년 3월 9일 초판 1쇄 인쇄
2015년 3월 13일 초판 1쇄 발행

글 박시연 / 그림 유수미
펴낸이 이철규 / 펴낸곳 북스
편집 이은주 / 편집디자인 이지훈

편집부 02-336-7634 / 영업부 02-336-7613 / FAX 02-336-7614
전자우편 vooxs2004@naver.com / 등록번호 제 313-2004-00245호 / 등록일자 2004년 10월 18일

주소 서울특별시 광진구 동일로 4길 32 2층
값 10,800원
ISBN 978-89-6519-076-9 74800
      978-89-6519-043-1 (세트)

잘못된 서적은 구입하신 서점에서 교환하여 드립니다.
이 책은 저작권법에 의해 보호를 받는 저작물이므로 불법 복제와
스캔 등 무단 전재 및 유포·공유를 금합니다.

이 도서의 국립중앙도서관 출판시도서목록(CIP)은 서지정보유통지원시스템 홈페이지(http://seoji.nl.go.kr)와
국가자료공동목록시스템(http://www.nl.go.kr/kolisnet)에서 이용하실 수 있습니다.
(CIP제어번호 : CIP2015006770)

역사 속 세기의 로맨스

14 처칠과 클레멘타인

글 박시연 그림 유수미

vooks북스
BOOK IN YOUR LIFE

독자 여러분의 사랑과 관심 덕분에 '역사 속 세기의 로맨스' 1부를 무사히 끝마치게 되었습니다. 열 번이나 되는 과거로의 여행을 통해 사랑에 대한 특별한 깨달음을 얻게 된 이지가 결국 주노와도 사랑의 결실을 맺게 되어 참 다행이라고 생각합니다.

하지만 이대로 이야기를 마치기에는 왠지 아쉬움이 남았습니다. 아직도 우리가 알고 싶은 세기의 로맨스는 많이 남아 있기 때문입니다. 그래서 다시 새로운 로맨스를 찾는 여행을 떠나기로 결심했습니다.

이번 이야기에서는 새로운 주인공 리사와 선재가 등장합니다. 리사는 성북동의 으리으리한 저택에서 공주님처럼 살고 있는 사장님의 따님이고, 선재는 병에 걸려 입원한 아빠 대신 리사네 집에서 잡일을 도맡아 하는 어린 집사입니다. 두 사람은 같은 학교에 다니고 있는 친구이기도 합니다.

언뜻 봐선 환경이 너무 다른 두 사람 사이에서 무슨 로맨스가 생길까 싶습니다. 하지만 사랑이란 원래 엉뚱한 곳에서 갑작스럽게 생겨

나는 감정이 아닐까요? 평소 도도하고 콧대 높은 리사지만 늘 선량하고 헌신적인 선재에게 조금씩 마음이 끌리기 시작합니다. 게다가 리사에게도 신비한 책 '세기의 로맨스'가 찾아옵니다.

이 책을 펼치는 순간 리사는 과거의 낯선 세계로 떨어져 역사에 남을 만한 사랑을 한 남녀 주인공을 만나게 됩니다. 그들과 함께 웃고 울며 사랑의 진정한 의미에 대한 깨달음을 얻어가는 리사.

리사는 과연 선재를 진심으로 좋아할 수 있게 될까요?

궁금하시다면 독자 여러분도 리사와 함께 세기의 로맨스를 찾는 여행을 떠나보시죠.

박시연

머리말 _6

지옥의 봉사활동 _11

지켜지지 못한 약속 _26

낙천적인 사관생도 윈스턴과의 만남 _50

약혼식 전야의 참전 _68

보어전쟁 _88

스물여섯 살의 국회의원 _110

실의의 나날 _129

너무 늦지 않도록 _149

나를 용서해줄래? _172

부록 2차세계대전을 승리로 이끈 위대한 정치가 _179

1
지옥의 봉사활동

"내일부터 세 명씩 팀을 짜서 봉사활동을 하는 거 알고 있지? 이번 봉사활동은 내신에 반영되니까 최선을 다하렴."

교단에 서서 당부하는 담임의 말을 듣고 있던 리사가 짝꿍인 가빈이를 돌아보았다.

"봉사활동이 내신에 반영된다니? 저게 무슨 소리야?"

"아, 리사 넌 스페인에서 살다 와서 잘 모르겠구나? 대한민국의 중학생이라면 누구나 60시간씩 봉사활동을 해야 하는데 이 시간을 채우지 못하면 내신 점수가 깎여. 그럼 나중에 고등학교 진학할 때 불이익을 받게 되거든."

"유럽에선 봉사활동 같은 건 그냥 자율에 맡겼었는데……."

리사가 불만스런 얼굴로 중얼거리고 있을 때, 담임이 조 별로 이름

1

을 호명하기 시작했다.

"1조, 조명숙, 김인홍, 유가빈. 2조, 민윤지, 조아진, 박성우. 3조. 이선재, 나찬영, 강리사."

"뭐, 뭐야? 내가 선재, 찬영이와 같은 조라고?"

리사가 눈을 동그랗게 뜨고 뒤를 보았다. 맨 뒷자리에 멍하니 앉아 있던 선재와 눈이 딱 마주치자 리사는 얼른 고개를 돌려버렸다. 선재와는 며칠 전 청계천에서의 사건 이후 말 한 마디 나누지 않고 지냈다. 사실 선재가 잘못한 것은 없었다. 선재는 물에 빠진 리사의 모자를 건져주었을 뿐인데, 그녀가 다짜고짜 뺨을 때리지 않았는가. 어찌 보면 사과해야 할 사람은 선재가 아니라 리사였다.

리사가 선재에게 화가 난 이유는 따로 있었다. 선재가 다리에서 뛰어내렸을 때 리사도 하마터면 따라서 뛰어들 뻔했다. 리사는 그 정도로 자신이 선재를 걱정하고 있다는 사실에 은근 부아가 치밀었다. 그래서 저도 모르게 뺨을 때려버리고 만 것이다. 선재를 닮은 서동이 선화공주와 결혼하는 모습까지 봤지만 과거와 현실 사이에는 엄연한 차이가 존재하는 법. 게다가 선재는 박진수 같은 아이와 어울리지 말라는 말도 깨끗이 무시하지 않았던가.

"쳇! 나는 절대로 사과하지 않겠어. 저 고집불통이 먼저 사과한다면 모를까."

입술을 꼭 깨무는 리사의 눈꼬리가 하늘로 향했다. 가빈이 리사를 돌아보며 고개를 갸웃했다.

"누가 사과를 해야 하는데?"

"그냥 혼자 한 소리야. 반장 넌 왜 남의 일에 그렇게 관심이 많니?"

"미, 미안."

껄끄러운 사이로 변한 선재와 한 조가 되었다는 사실에 예민해진 리사가 괜히 가빈이에게 화풀이를 했다.

"왜 쓸데없이 봉사활동 같은 걸 하라고 하는 거야……!"

토요일 아침, 리사는 뿌루퉁한 얼굴로 현관문을 열고 나섰다. 강 사장과 성 여사가 리사와 함께 나왔다. 강 사장이 입이 툭 나온 리사를 향해 물었다.

"리사는 아침부터 표정이 안 좋구나?"

리사를 대신해 성 여사가 대답했다.

"오늘 병원으로 봉사활동을 하러 간다지 뭐예요."

"봉사활동?"

"한국에선 중학교 3년 동안 60시간의 봉사활동을 의무적으로 채워야 한대요."

짜증 섞인 목소리로 말하는 리사를 성 여사가 거들었다.

"아이들한테 왜 그런 걸 강제로 시키는지 모르겠어요. 봉사는 원래 자발적으로 하는 거 아닌가요?"

"자발적으로 하지 않으니 억지로 시키는 것이겠지. 리사도 너무 불평하지 마라. 이런 기회에 힘든 사람들을 도우며 보람을 느끼는 것도 큰 공부가 될 거야."

"하지만……."

불만을 말하려는 성 여사를 강 사장이 가로막았다.

"당신은 아이를 너무 과보호하는 경향이 있어. 그러니 우리 딸이 점점 제멋대로가 되는 거야."

"으음……."

성 여사와 리사가 동시에 입을 다물었다. 세상에 무서울 것이 없는 리사에게도 아빠의 말은 무시할 수 없었던 것이다.

"아빠가 데려다줄 테니 함께 가자."

앞장서서 마당으로 내려가는 강 사장의 뒤를 리사와 성 여사가 따라갔다. 이때 별채의 문이 열리며 선재가 나왔다. 고개를 휙 돌려버리는 리사를 발견하고 선재도 멈칫했다. 선재가 이내 강 사장과 성 여사에게 다가와 머리를 꾸벅 숙였다.

"안녕히 주무셨어요?"

"오, 선재로구나?"

강 사장이 반가운 척을 했다.

"너도 봉사활동하러 가니?"

"예. 리사와 같은 조예요."

"잘됐구나. 선재 너도 함께 가자. 데려다주마."

"저는 싫어요!"

리사가 저도 모르게 빽 소리를 질렀다. 강 사장이 황당한 듯 딸을

보았다.

"싫다니? 대체 왜?"

"그, 그게……."

이번에도 성 여사가 당황하는 리사 대신 나서주었다.

"오랜만에 아빠와 얘기라도 나누고 싶은데, 집에서 일하는 고용인이 있으면 불편하지 않겠어요?"

"고용인이라고……?"

강 사장이 안색이 굳어졌다. 그가 딸에게 추궁하듯 물었다.

"리사 너, 선재를 그렇게 생각하고 있었던 거냐?"

"그런 건 아니고요……."

"선재는 고용인이기 전에 너와 같은 반 친구다. 당연히 친구로 대하는 게 옳다고 생각하는데."

"하지만 여보!"

"게다가 선재는 여러 가지로 배울 점이 많은 아이야. 리사 너를 위해서도 앞으론 친하게 지내도록 하렴."

"알겠어요, 아빠."

리사는 결국 선재와 같은 차에 탈 수밖에 없었다. 리사와 강 사장이 뒷좌석에 앉고 선재는 조수석에 앉았다. 곧 차가 출발했다.

차 안에서 리사는 한 마디도 하지 않았다. 선재도 차창 밖만 응시했다. 강 사장이 선재를 향해 불쑥 물었다.

"선재야, 아버지는 좀 어떠시니?"

"염려해주신 덕분에 많이 좋아지셨습니다."

"다행이구나. 네가 혼자서 학교에 다니느라고 힘들겠구나?"

"아뇨, 괜찮습니다."

"도움을 청할 일이 있으면 언제든 말해라."

"감사합니다, 사장님."

리사는 평소 엄격한 아빠가 왜 선재한테만은 친절한지 이유를 알 수가 없었다.

'쳇! 아빠한테도 통할 정도로 매력덩어리라는 건가?'

왠지 선재가 더 얄밉게 느껴져 리사는 입술을 삐죽였다.

선재와 리사가 봉사활동을 해야 할 장소는 동대문에 있는 자애병원이란 복지병원이었다. 나란히 차에서 내리는 리사와 선재에게 강 사장이 당부했다.

"기왕 봉사하는 거 기쁜 마음으로 해라. 너희도 분명 얻는 게 있을 거야."

선재와 리사가 병원 앞에 서서 멀어지는 강 사장의 승용차를 멍하니 바라보았다. 병원을 향해 돌아서는 리사의 입에서 절로 한숨이 새어나왔다.

"후우…… 무슨 병원이 이래? 이런 병원에 입원했다간 없는 병도 생기겠다."

리사를 따라 돌아선 선재도 할 말을 잃었다. 원래는 흰색이었을 건

1

물 벽은 군데군데 칠이 벗겨지고 거미줄처럼 금이 가 더욱 허름해 보였다.

선재가 먼저 현관 계단을 밟고 올라갔다.

"사장님께서 기왕 할 거면 기쁜 마음으로 하라고 하셨잖아. 그만 투덜거리고 들어가자."

현관문을 열고 들어가려는 선재의 팔을 리사가 잡았다.

"들어가기 전에 분명히 하고 넘어갈 게 있어."

"그게 뭔데?"

"나, 아직 너한테 화 풀리지 않았거든. 그러니까 봉사활동하는 동안 웬만하면 친한 척하지 말아줬으면 좋겠어."

"으음……."

선재의 미간이 고통스럽게 일그러지는 것을 보며 리사는 내심 쾌재를 불렀다. 이쯤에서 선재가 먼저 사과할 거라고 생각했기 때문이다. 비록 자신이 잘못한 게 없다고 할지라도 말이다. 그런데 잠시 후에 선재의 입술을 비집고 나온 말은 리사의 기대에 어긋나는 것이었다.

"네가 그렇게 하고 싶다면 그럴게."

"헐……!"

혼자 현관문을 열고 들어가버리는 선재의 뒷모습을 리사가 기가 막힌 듯 쳐다보았다.

"너희들처럼 어린애들이 뭘 할 줄 안다고 봉사활동을 나와? 괜히 사람 귀찮게 하지 말고 썩 돌아가!"

현관에서 선재에게 황당한 꼴을 당한 직후, 리사는 병실에 들어서자마자 다시 한 번 봉변을 당했다. 여러 명의 환자가 사용하는 6인실 입원실이었다. 제일 안쪽, 창가 옆 침대에 앉아 있던 심술궂은 인상의 노인이 선재와 리사에게 버럭 화부터 냈던 것이다. 자신을 향해 눈을 부라리는 노인을 리사가 이해할 수 없다는 듯 바라보았다.

'이 할아버지는 정말 양심도 없네. 자기한테 봉사하러 온 학생들한테 왜 화부터 내지?'

리사와 선재를 안내한 간호사가 어색하게 웃으며 노인을 달랬다.

"왜 또 그러세요, 송 영감님? 손자 같은 학생들이 봉사활동을 나왔는데 기쁘지도 않으세요?"

"기쁘긴 개뿔! 어차피 점수 때문에 시간 때우러 나온 걸 누가 모를 줄 알고?"

"끄응……!"

콧방귀를 뀌는 노인을 보며 리사는 신음을 삼켰다. 처음부터 썩 내키지 않더라니, 험난한 시간이 될 것 같은 불길한 예감이 엄습했다. 노인이 다시 한 번 선재와 리사를 가리키며 고함쳤다.

"아, 빨리 나가지 않고 뭐하고 있어?"

"우, 우리 그만 가자."

리사가 뒷걸음질을 치려는 순간, 선재가 노인의 손을 덥석 잡았다.

"불편하게 해드려서 죄송해요, 할아버지. 할아버지 말씀처럼 어린

1

저희가 큰 도움이 되지는 못할 거예요. 하지만 열심히 해볼 생각이에요. 그러니까 가르쳐주시는 셈치고 한 번만 기회를 주시면 안 될까요, 예?"

리사는 노인이 선재의 손을 뿌리치며 호통 칠 줄 알았다. 그런데 어찌된 영문인지 노인은 선재의 얼굴을 가만히 들여다보는 것이 아닌가. 노인이 고개를 스윽 돌려 선재의 눈을 피했다.

"정 그렇다면 어디 한번 해봐. 하지만 대충 시간만 때우려고 했다간 불호령이 떨어질 줄 알아."

"명심할게요, 할아버지."

노인의 친손자라도 되는 듯 빙그레 웃는 선재를 리사가 불안하게 쳐다보았다. 왠지 선재 때문에 봉사활동이 더 힘들어질 것 같았기 때문이다. 다행히 이때 구원자가 등장했다.

"너희들 먼저 와 있었구나?"

경쾌한 걸음걸이로 병실 안으로 들어오는 찬영이를 리사가 반갑게 맞이했다.

"어서 와, 찬영아. 왜 이리 늦은 거야?"

"응? 정확하게 제시간에 도착했는데."

"어쨌든 네가 와줘서 정말 다행이야."

자신의 손을 잡고 흔드는 리사를 찬영이 이상하다는 쳐다보았다.

리사의 불길한 예감은 빗나가지 않았다. 노인은 세 자원봉사자에게 한시도 쉴 틈을 주지 않았다.

"화장실에 가고 싶으니 부축 좀 해다오."

"환자복을 갈아입어야겠으니 받아오너라."

"매점에 내려가서 음료수 좀 사오렴."

"시트가 더러워졌으니 갈아다오."

그날 오전이 가기 전에 리사와 선재, 찬영이는 완전 녹초가 되고 말았다. 잠시 복도로 나온 리사가 혀를 내둘렀다.

"저 할아버지, 우릴 노예쯤으로 생각하는 거 아니야? 나는 저렇게 괴팍한 노인은 처음이야."

찬영이도 거들었다.

"아무리 봉사활동이라지만 이건 좀 심한 거 같아. 담임선생님께 얘기해야 하지 않을까?"

"당장 얘기해! 지금 당장!"

"알았어."

핸드폰을 꺼내는 찬영이에게 선재가 조심스럽게 입을 열었다.

"그러지 말고 조금만 더 참아보자. 어차피 내일까지만 하면 되잖아."

"내일까지 도저히 못 참겠다니까!"

리사가 히스테릭하게 소리를 질렀다. 씩씩대는 리사의 얼굴을 가만히 보던 선재가 말했다.

"그럼 너희들은 돌아가. 오늘하고 내일 나 혼자 할아버지를 돌볼게."

"뭐라고?"

리사가 선재의 얼굴을 황당한 듯 보았다. 찬영이 리사의 팔을 잡아끌었다.

"사서 고생을 하겠다는 녀석을 말릴 수야 없지. 우리끼리 돌아가자, 리사야. 응?"

"선재가 남으면 나도 남을래."

리사가 손을 뿌리치자 예상치 못한 반응에 찬영이는 당황했다.

"대체 왜?"

"아침에 아빠가 선재와 나를 이곳까지 태워다주며 봉사활동을 잘하라고 당부하셨어. 그런데 저 녀석만 남고 나 혼자 돌아가면 아빠가 뭐라고 하겠어?"

"흐음…… 너한테 실망하실 수도 있겠구나."

턱을 매만지며 고민하던 찬영이 선재에게 시선을 옮겼다.

"그러지 말고 너도 가자. 우리가 아무리 열심히 해봤자 저 할아버지는 고마운줄도 모를 거야."

"그래도 나는 남겠어."

"야, 이선재! 리사가 힘들어하는 게 안 보여?"

눈을 치켜뜨는 찬영이를 리사가 말렸다.

"내버려둬. 이선재 군은 우리와는 달리 책임감과 동정심이 철철 넘치는 아이거든."

"꽉 막혀가지곤……."

찬영이 선재를 못마땅하게 쳐다볼 때, 병실 안쪽에서 노인의 외침이 들려왔다.

"언제까지 밖에서 농땡이 피울 거냐!"

리사와 찬영이 선재를 째려보며 병실 안으로 들어갔다.

마침 점심식사가 들어왔다. 리사, 선재, 찬영이는 노인이 식사하는 것을 도왔다. 숟가락으로 멀건 국물을 휘휘 휘젓던 노인이 리사의 등을 힐끗 보았다.

"물이 없잖아. 나는 식사 전에 꼭 물 한 모금으로 목을 축인단 말이다."

"지금 떠오겠습니다."

재빨리 돌아서려는 선재를 노인이 손을 뻗어 말렸다.

"너는 그대로 있어."

"예?"

노인이 리사를 가리켰다.

"아까부터 계속 너만 뛰어다니고 있잖아. 이번엔 여자애 네가 다녀와라."

"저요?"

눈살을 찌푸리는 리사를 향해 노인이 고개를 끄덕였다.

"그래, 바로 너! 아까부터 손가락도 까딱하지 않았으니, 이번엔 네가 다녀와."

"으음……."

입술을 꼭 깨물던 리사가 찬바람을 일으키며 돌아섰다. 잠시 후, 리사가 물 컵을 가지고 돌아왔다.

1

"자, 드세요."

"오냐."

물을 홀짝인 노인이 숟가락으로 국물을 떠올렸다.

"후루룩~ 윽! 국 맛이 왜 이리 밍밍하냐?"

탕!

노인이 숟가락을 소리 나게 내려놓으며 찬영이를 휙 돌아보았다.

"이번엔 네 녀석이 주방에 가서 소금 좀 얻어와라."

"제가요?"

"그래, 너!"

"아, 알겠습니다."

찬영이 나가자 리사가 선재를 째려보았다.

'이제 속이 시원하니?'

리사의 눈은 그렇게 묻고 있는 듯했다. 선재는 노인이 심술이 자신의 잘못인 것만 같아 안절부절못했다.

오후까지 고생한 끝에 세 사람은 간신히 봉사활동을 마칠 수 있었다. 리사와 선재, 찬영이 나란히 서서 침대에 비스듬히 앉아 신문을 읽고 있는 노인을 향해 머리를 숙였다.

"할아버지, 저희는 이만 돌아갈게요. 내일 다시 뵙겠습니다."

노인이 신문에서 눈을 떼지 않은 채 퉁명스럽게 말했다.

"흥! 봉사활동 시간이 끝나자마자 총알처럼 도망치는군. 어차피 별 도움도 되지 않으니 내일은 올 필요 없다."

"으으……!"

리사가 참기 힘든 듯 꼭 움켜쥔 주먹을 부르르 떨었다.

"그, 그럼 내일 봬요."

선재가 리사의 등을 떠밀며 서둘러 병실을 빠져나갔다. 병원을 나서자마자 리사가 분통을 터뜨렸다.

"꺄악! 저 할아버지 때문에 돌아버릴 것 같아!"

머리털을 움켜쥐고 소리를 지르던 리사가 선재에게 분노를 퍼부었다.

"이게 네가 바라던 거야? 저 할아버지가 날 하녀처럼 부려먹는 걸 보고 싶었던 거냐고!"

"그런 게 아니라……."

"듣기 싫어! 네가 무조건 굽실거리니까 할아버지가 더 심술을 부리는 거잖아!"

"……."

선재는 더 이상 설득할 말이 떠오르지 않아 입을 다물어버렸다. 한동안 선재를 쏘아보며 씩씩거리던 리사가 찬영이와 함께 돌아섰다.

"내일은 절대로 오지 않겠어."

"리사가 오지 않겠다면 나도 관둘래."

선재가 씁쓸한 표정으로 나란히 멀어지는 리사와 찬영이의 뒷모습을 바라보았다.

2
지켜지지 못한 약속

일요일 아침, 리사는 아빠, 엄마와 식탁에 둘러앉아 식사를 하고 있었다. 양평댁이 솜씨를 부린 한우 스테이크와 연어샐러드가 아침 메뉴였다. 샐러드의 상큼한 맛을 음미하고 있는 리사를 강 사장이 힐끗 보았다.

"어제 봉사활동은 어땠니?"

"예?"

"병원에서 봉사활동을 하지 않았니?"

"아, 예. 열심히 잘 했어요."

메이드가 따라주는 커피를 마시며 강 사장이 다시 물었다.

"오늘까지 가야 하지? 이번에도 아빠가 태워다주마."

"……"

아빠의 말에 안절부절못하며 포크를 내려놓고 망설이던 리사가 결심한 듯 말했다.

"오늘은 가지 않으려고요."

"뭐? 대체 왜?"

강 사장이 미간을 찌푸렸지만 리사는 용기를 쥐어짰다. 아빠의 반응이 무서웠지만 그래도 다시 봉사활동을 하러 가서 그 심술맞은 할아버지를 또 만나고 싶지는 않았다.

"저한테 봉사를 받는 할아버지가 너무 괴팍해요. 저와 찬영이를 막 하인처럼 부려먹는 거 있죠. 별 필요도 없는 심부름을 몇 번씩 시키기도 하고요. 더 이상은 도저히 못 하겠어요."

"으음……."

못마땅한 눈초리로 리사를 지그시 보는 강 사장을 대신해 성 여사가 편을 들어 주었다. 성 여사는 눈쌀을 찌푸리며 딸의 말에 맞장구를 쳤다.

"그래, 가지 마라. 그런 이상한 노인네가 다 있다니?"

"당신은 가만히 있어."

"여보!"

"가만히 있으래도!"

강 사장이 언성을 높이자 리사의 역성을 들던 성 여사가 마지못해 입을 다물었다. 강 사장이 살짝 긴장한 얼굴의 리사에게 낮게 깔리는 목소리로 물었다.

"그러니까 리사 네가 보기에 병원에 있는 그 할아버지가 도저히 봉사를 할 수 없을 정도로 괴팍했단 말이지? 그래서 더 봉사활동을 하기 싫다는 거고?"

"예!"

"그럼 선재는 뭐라고 하든?"

"예?"

강 사장이 불쑥 묻자 리사는 당황했다. 강 사장이 그런 딸의 눈을 똑바로 쳐다보았다. 화가 났다거나 하는 기색이 없어 더 무섭게 느껴지는 눈빛이었다.

"선재도 힘들어서 못 하겠다고 하든?"

"그, 그건……."

"아마도 그 녀석은 너희들이 그만둔다고 해도 혼자서라도 계속하겠다고 했겠지? 아빠의 말이 틀리니?"

"……아뇨. 분명 그렇게 말했어요."

머뭇거리던 리사의 대답에 예상한 일이라는 듯 강 사장의 표정이 단호하게 변했다.

"내 그럴 줄 알았지. 선재가 계속 하겠다면 너도 하도록 해라. 만약 선재도 못 견디겠다면 그때는 그만둬도 좋다."

"예……."

고개를 푹 떨구며 리사는 코끝이 찡해지는 것을 느꼈다. 자신이 잘못했건 그러지 않았건 간에 아빠가 선재와 자신을 비교하는 것 자체가 속이 상했기 때문이다. 딸의 기죽은 모습을 지켜보던 성 여사가 참지 못하고 목소리를 높였다.

"여보! 그만해요! 대체 왜 우리 리사와 선재를 자꾸 비교해서 애 기를 죽이는 거예요? 그 녀석은 우리 집에서 일하는 고용인이고, 리사는 우리 귀한 딸이에요! 공주님처럼 곱게만 키워도 모자랄 판에 당신은 왜 자꾸……."

강 사장이 성 여사를 휙 째려보았다.

"공주가 고용인보다도 못하게 자랄까봐 걱정돼서 그런다면 이해하겠어?"

"다, 당신! 어떻게 그런 말을……?"

성 여사가 입을 쩍 벌렸다. 한동안 서로의 얼굴을 뚫어져라 응시하는 강 사장과 성 여사의 눈치를 살피던 리사가 스윽 일어났다. 애써 울음을 참느라 팔과 다리가 덜덜 떨렸다.

"제가 잘못했어요. 선재와 함께 봉사활동을 마칠게요. 그러니까 제발 싸우지 마세요."

"리사야! 리사야!"

안타깝게 부르는 성 여사를 무시하고 리사는 주방을 빠져나왔다. 현관문을 향해 달려가는 리사의 눈에는 그새 비죽 새어나온 눈물이 가득했다.

쾅!

"흐흑! 아빠는 나를 미워하는 게 틀림없어!"

현관문을 닫고 나오는 리사의 눈에서 기어이 눈물방울이 후두둑 떨어졌다. 훌쩍이는 리사의 눈에 별채에서 나오는 선재의 모습이 들어왔다. 리사는 저도 모르게 얼른 숨어버렸다.

'내가 왜 숨은 거지?'

자신이 왜 선재를 피하는지도 모른 채 리사는 그의 모습을 훔쳐보고 있었다. 선재는 누가 보고 있는지는 꿈에도 모르는 것처럼 정원을 돌보는 일이 집중했다. 나무를 살피고 연못 잉어들에게 먹이를 주는 등 매일 아침마다 하는 일이었다.

정원에서의 할 일을 마친 선재가 대문 쪽으로 걸어갔다. 어제 말한 것처럼 오늘도 역시 봉사활동을 하러 병원에 갈 모양이었다. 손등으로 눈물을 훔친 리사가 얼른 선재의 뒤를 쫓아갔다.

전철을 타고 병원까지 오는 동안 리사는 선재에게 한 마디도 하지 않았다.
"오늘은 오지 않겠다고 하지 않았었니?"
"……."
눈치를 살피던 선재가 애써 용기를 내어 물었지만 리사는 대답하지 않았다. 찬바람을 풀풀 풍기는 리사의 기세에 눌린 선재도 더 이상 물어볼 엄두를 내지 못했다. 두 사람이 병실로 들어갔을 때, 노인은 막 검사를 위해 초음파실로 이동하려는 참이었다. 나란히 들어오는 선재와 리사를 발견한 노인이 코웃음을 쳤다.
"뭐하러 다시 왔어? 오늘은 올 필요 없다고 했을 텐데."
입술을 지그시 깨무는 리사를 대신해 선재가 노인을 재빨리 부축했다.
"검사하러 가시는 거죠? 제가 모실게요."
"똑바로 잡아, 인석아."
"예, 예. 잘할게요, 할아버지."
노인을 부축한 선재와 뿌루퉁한 얼굴의 리사가 함께 엘리베이터로 향했다. 사고는 노인이 엘리베이터에서 내리면서 터졌다. 선재가 미처 부축하기도 전에 문이 열리자마자 서둘러 내리던 노인이 다리가 풀린 듯 맥없이 쓰러져버린 것이다.

"어이쿠!"

"꺄악!"

노인이 복도 바닥에 쓰러지자 뒤쪽에 서 있던 리사가 비명을 질렀다. 선재가 재빨리 노인의 팔을 붙들었다.

"할아버지, 괜찮으세요?"

"바보 같은 녀석! 너 때문에 큰일 날 뻔했잖아!"

노인이 선재의 손을 뿌리치며 버럭 고함을 질렀다. 로비에 있던 수많은 환자들과 간호사들의 시선이 노인과 선재에게 집중되었다. 그러거나 말거나 노인은 계속 고래고래 악을 썼다.

"그러게 너희 같은 녀석들은 도움이 되지 않는다고 했잖아! 그런데 왜 부득불 나타나서 사람을 괴롭히느냔 말이다!"

"죄송합니다. 죄송합니다."

연신 머리를 조아리는 선재를 지켜보던 리사도 폭발하고 말았다.

"할아버지, 정말 너무하시는 거 아니에요?"

"뭣이라……?"

"솔직히 저희도 오고 싶지 않았어요. 할아버지처럼 고마움도 모르는 분을 저희라고 돕고 싶겠어요? 하지만 할아버지께서 편찮으셔서 그러는 거라고 이해하고 다시 온 거예요! 그런데 할아버지는 우리 탓만 하시고…… 정말 너무해요!"

"리사야, 그만해."

선재가 말렸지만 리사는 멈추지 않았다.

"할아버지는 정말 지독한 심술쟁이예요!"

"허어……!"

노인이 기가 막힌 듯 실소하며 씩씩대는 리사를 쳐다보았다. 선재가 그런 노인을 부축하며 초음파실을 향해 억지로 돌아섰다.

"원래는 착한 아인데 성격이 좀 급해요. 너무 신경 쓰지 마세요, 할아버지. 예?"

"고얀 것 같으니! 대체 가정교육을 어떻게 받은 건지 모르겠군!"

"가, 가정교육이라고요?"

발끈한 리사가 노인을 쫓아 빠르게 걸음을 옮겼다. 하지만 안타깝게도 리사는 더 이상 따질 기회를 갖지 못했다. 노인이 한 발 앞서 초음파실 안으로 들어가버렸기 때문이다. 리사가 분을 삭이지 못하고 초음파실 앞에서 빙글빙글 맴돌았다.

"뭐 저런 노인이 다 있지? 검사가 끝나면 단단히 따져야겠어."

선재가 리사를 달랬다.

"그러지 말고 네가 참아."

"내가 왜 참아? 너도 가정교육 운운하는 소리 들었잖아. 심보 고약한 노인네 같으니!"

"심보가 고약한 게 아니야."

"뭐?"

선재가 리사와 시선을 마주치며 착 가라앉은 소리로 중얼거렸다.

"할아버지는 외로우셔서 저러는 거야."

"……."

선재의 얼굴을 멍하니 보던 리사가 손사래를 쳤다.

"저렇게 기운이 펄펄 넘치는 노인이 외롭다고? 말이 되는 소리를 해."

"외로워서 더 괴팍하고, 더 강한 척하는 거라면?"

"응?"

선재가 확신에 찬 표정으로 말을 이었다.

"원래 동물들도 약한 녀석이 더 공격적인 법이야. 사람도 마찬가지지. 외로울수록 주변 사람을 믿지 못하고 자꾸 밀어내려고만 한다고."

"그러니까 저 할아버지도 자신의 외로움을 숨기려고 우리한테 더 지독하게 군다는 말이니?"

"그래."

"글쎄, 난 도무지 믿을 수가……."

리사가 고개를 설레설레 흔들 때, 초음파실 안쪽이 소란스러워졌다.

"영감님, 정신 차리세요!"

"무슨 일입니까?"

선재와 리사가 문을 열어젖히고 뛰어들었다.

"우웨엑!"

검사대 위에 주저앉은 채 핏물을 왈칵 토하는 노인을 발견하고 리사와 선재는 경악했다.

"하, 할아버지……?!"

"실은 송 영감님은 암 말기 환자야. 지금 위험한 상황이라 길어야 한 달이고, 짧으면 며칠 안에 돌아가실 수도 있어. 그러니까 너희들이 잘 보살펴드리도록 하렴."

간호사의 설명을 들은 리사와 선재가 충격에 빠졌다.

"암이라고요?"

"그것도 말기……?"

응급상황이 마무리된 후 병실에 돌아온 노인은 한동안 말이 없었다. 더 이상 리사와 선재를 괴롭히지도 않았다. 그래서 두 사람은 병상 옆에 우두커니 앉아 있을 수밖에 없었다. 노인이 오후의 햇빛이 스며드는 창을 보며 입을 열었다.

"벌써 하루가 저무는구나. 이젠 정말 내가 살날도 며칠 남지 않았어."

"꼭 건강해지실 테니 그런 말씀 마세요."

안타까운 표정을 짓는 선재를 돌아보며 노인이 마른 먼지 같은 웃음을 떠올렸다.

"정직한 녀석인 줄 알았는데 이제 보니 거짓말도 제법 하는구나."

"그런 게 아니고요……."

"너를 탓하는 게 아니니 그런 표정 짓지 마라."

"……."

노인의 눈빛이 조금 투명해졌다. 노인의 눈은 창문 너머가 아니라 더 먼 곳을 응시하고 있는 듯했다.

"난 어렸을 때 유복한 집안에서 자랐다. 우리 집은 명동에서 큰 포

목점을 다섯 개나 운영하는 부잣집이었지. 사람들이 모두 나를 도련님이라고 부르며 떠받들었어. 우리 집에서 일하는 사람만 해도 수십이었고. 그중에 순임이라는 여자아이가 있었단다."

노인이 목이 타는 듯 혀로 입술을 축였다. 선재가 재빨리 물을 따라 내밀었다.

"물 좀 드세요."

"고맙구나."

물 한 모금으로 목을 축인 노인이 다시 말문을 열었다.

"순임이는 나와 동갑내기였다. 우리는 남산고등학교에 함께 다녔지. 처음에는 집에서 일하는 아이라고 무시하기도 했지만 어느 순간부터 순임이의 고운 미소가 눈에 밟히기 시작하더구나. 결국 우리는 하루라도 보지 않으면 견딜 수 없는 사이가 되고 말았단다."

"으음……."

리사와 선재가 신음을 흘리며 서로의 얼굴을 보았다. 복잡한 눈빛을 교환하는 두 사람의 귀에 계속 노인의 목소리가 들려왔다.

"하지만 부모님께서 우리의 사이를 허락하실 리가 없었지. 그즈음 아버지께서 나의 혼처를 결정하셨다는 소식을 들리더구나. 며칠 동안 식음을 전폐하고 눈물짓는 순임이를 안타깝게 지켜보다가 나는 마음을 굳혔다. 순임이와 먼 지방으로 도망쳐 함께 살기로."

"예에?"

리사와 선재가 동시에 눈을 동그랗게 떴다.

"어느 추운 겨울밤에 우리는 서울역에서 만나기로 했단다. 마지막 기차를 타고 서울에서 가장 먼 곳으로 도망치기로 했지. 순임이가 먼저 집을 나섰고, 나도 그동안 모아둔 약간의 돈을 챙겨서 집을 떠나려고 했다. 그런데…… 그런데…….”

"그런데요?"

무언가 일이 잘못되었음을 느끼며 리사는 꼴깍 마른침을 삼켰다. 노인의 입가에 자조 섞인 미소가 피어올랐다.

"그런데 막상 대문을 나서려니 겁이 덜컥 나는 거야. 나는 그동안 부잣집 아들로, 온통 떠받들어주는 사람들 사이에서 뭐 하나 내 손으로 해본 적이 없었단다. 순임이와는 전혀 다른 인생을 살았던 거야. 가난과 힘든 일에 익숙한 순임이는 낯선 지방에 가서도 잘 살 수 있겠지만 나도 과연 그럴 수 있을까?"

"설마……?"

"그래. 나는 결국 역으로 가지 않았다. 문을 걸어 잠근 채 어둑한 방 안에 꼭꼭 숨어 있었지. 그렇게 영원 같았던 밤이 지나갔다. 하지만 순임이는 돌아오지 않더구나. 아마도 날이 하얗게 새도록 나를 기다리던 그녀는 배신감에 치를 떨며 혼자 기차에 몸을 실었겠지."

"아아……!"

리사와 선재의 입에서 신음이 새어나왔다. 노인의 눈가의 주름이 조금 더 깊어진 것 같았다.

"이제와 생각해보면 그녀에게 몹쓸 짓을 했어. 아마도 그때의 벌을 받고 있는 것은 아닐까? 난 이제 가족 한 명 없이 쓸쓸하게 죽음을 기다리고 있구나."

"……."

노인의 눈에 물기가 비치는 것을 리사는 놓치지 않았다.

"마지막 소원이 있다면 세상을 떠나기 전에 순임이를 한 번만 더 보는 거란다. 그녀에게 용서를 받고 떠날 수 있다면 더 이상 바랄 것이 없을 텐데……."

"이게 지금 말이 되는 일이라고 생각해?"

노을을 등지고 운동장을 가로지르는 선재를 따라가며 리사가 불평을 늘어놓았다. 두 사람은 남산고등학교에 와 있었다. 노인의 사연을 듣고 병원을 나선 선재는 다짜고짜 그 이순임이란 할머니를 찾아나서겠다고 선언하고선 곧장 이리로 온 것이다. 리사는 물론 반대했지만 요즘 선재는 리사의 말에 무조건 반대로 행동하는 버릇이 생긴 것 같았다.

"야, 이선재!"

학교 현관 안으로 들어가려는 선재의 팔을 리사가 붙잡았다. 리사를 향해 돌아서며 선재가 말했다.

"너는 집으로 가라고 했잖아."

"하지만……."

"네 말대로 이건 무모한 짓일지도 몰라. 그러니까 너까지 끌어들이고 싶지 않다고."

"후우우……."

리사가 한숨을 푹 쉬며 학교 안으로 들어가는 선재의 고집스런 등을 바라보았다. 선재의 말대로 이대로 집으로 돌아가면 그뿐이었다. 그러나 리사도 노인의 투명한 눈빛이 마음에 걸렸다.

"용서를 받고 떠날 수 있다면 더 이상 바랄 것이 없을 텐데……."

노인의 목소리가 귓가에 울리는 순간 리사도 현관 안으로 뛰어 들어갔다.

"같이 가!"

일요일인데도 교무실에는 당직 선생님이 남아 있었다. 도수 높은 안경을 쓴 중년의 남자선생님이 선재로부터 대충 사연을 듣고는 캐비닛에서 두툼한 서류철을 한 아름 꺼내 끌어안고 돌아왔다.

"해방 이듬해에 우리 학교를 다닌 이순임 씨라고 했지?"

"예, 찾을 수 있을까요?"

선생님이 서류철 표지에 뽀얗게 쌓인 먼지를 입김으로 훅 불어 없애며 대답했다.

"일단 학적부부터 살펴보자꾸나. 내가 알기론 이게 해방 직후의 기록이거든."

"감사합니다, 선생님."

2

밤늦게까지 학적부를 뒤졌지만 이순임이란 이름은 발견되지 않았다. 초조한 듯 자꾸 벽시계를 쳐다보던 리사가 서류에 얼굴을 박고 있는 선재를 향해 걱정스러운 시선을 던졌다.

"이제 집으로 돌아가야 할 시간이야."

"잠깐만…… 조금만 더 찾아보고……."

선생님이 서류철을 탁 덮었다.

"아닌 게 아니라 너무 늦었다. 그만하고 돌아가도록 해라."

"아……!"

바로 그 순간 선재가 자신이 살피던 학적부를 가리키며 소리쳤다.

"찾았어! 여기 이순임이란 여학생이 있어!"

"진짜?"

리사가 선재 옆으로 다가가 학적부의 사진을 들여다보았다. 단발머리에 깜찍하게 생긴 여학생이 거기 있었다. 흑백사진 속 그녀는 색 바랜 치마저고리를 입고 있었지만 리사 자신과 다를 것이 없는 여학생이었다. 리사가 감동받은 목소리로 중얼거렸다.

"할아버지의 첫사랑이 이렇게 생기셨구나……."

"이제 이순임 씨의 주민등록번호를 알았으니까 주민센터에 가서 알아보면 돼."

선재가 들뜬 표정으로 핸드폰에 주민등록번호를 기록했다. 리사도 기뻤지만 입에선 전혀 엉뚱한 말이 튀어나왔다.

"흥! 아직 할머니를 찾은 건 아니니까 너무 흥분하지 말라고."

다음 날 학교가 끝나자마자 선재와 리사는 주민센터로 달려갔다. 하지만 리사의 예언대로 선재의 이순임 할머니 찾기는 다시 벽에 부딪치고 말았다.

예쁘게 생긴 여직원이 친절하게 미소 지으며 이렇게 말했던 것이다.

"주민등록번호를 안다고 해서 모든 사람의 주소를 가르쳐줄 수 있는 건 아니야. 가족이나 친척이 아니면 가르쳐줄 수 없단다."

선재가 초조한 얼굴로 사정했다.

"저희가 이분을 꼭 찾아야만 하거든요. 도와주시면 안 될까요?"

"미안하지만 우리 마음대로 결정할 수 있는 문제가 아니야."

"아아……!"

절망하는 선재의 팔을 리사가 잡아당겼다.

"그만 포기하고 가자."

선재가 리사의 손을 휙 뿌리쳤다. 그리고 여직원을 향해 절박하게 소리쳤다.

"한 사람의 목숨이 달린 문제예요! 제발 좀 도와주세요, 예?"

"대체 무슨 일인데 그러니?"

당황하는 여직원에게 선재가 병원에 있는 노인의 사정에 대해 설명했다. 선재의 말을 모두 들은 여직원이 손수건으로 눈가를 훔쳤다.

"듣기 보니 사정이 참 딱하구나. 하지만 우리도 어쩔 도리가 없어."

"……."

선재가 고개를 푹 떨구었다. 선재의 표정이 너무 어두워 리사는 차마 다시 팔을 끌어당길 수가 없었다. 선재는 무려 한 시간 가까이 꼼짝도 않고 그 자리를 지키고 있었다. 한 시간이 넘어가자 선재를 상대하던 여직원뿐 아니라 다른 직원들까지 웅성거리기 시작했다.

"저 녀석, 언제까지 저러고 있을 참이지?"

"사정을 들어보니 딱하게 됐지 뭐예요?"

"뭔가 방법이 없을까?"

측은한 눈으로 선재를 바라보던 여직원이 무언가 결심한 듯 어디론가 가더니 잠시 후 너그러운 인상의 아저씨와 함께 돌아왔다. 동장 아저씨가 선재의 얼굴을 들여다보며 빙그레 미소 지었다.

"사연은 대충 들었다. 그러니까 너희들이 봉사활동 중인 병원에 입원한 할아버지가 세상을 떠나시기 전에 첫사랑이었던 할머니를 만나게 해드리고 싶다는 거지?"

"예!"

"원래는 가족이나 친척이 아니면 함부로 주소를 알려줄 수가 없단다. 그렇지만 이번만은 내가 책임지고 주소를 알려주마. 꼭 할머니를 찾아서 할아버지를 기쁘게 해드리렴."

"고맙습니다! 정말 고맙습니다!"

동장 아저씨와 여직원을 향해 연신 머리를 숙이는 선재를 보며 리사는 혀를 내둘렀다.

"하여튼 한번 고집을 피우면 말릴 수가 없다니까."

주소를 받아들고 주민센터를 나섰을 때는 이미 해가 저물고 있었다. 리사가 주소를 뚫어져라 들여다보고 있는 선재를 힐끗 보았다.

"어디에 살고 계셔? 혹시 먼 지방 같은 곳에 사시는 건 아니야?"

"아니, 의외로 가까운 곳이야. 서초동이 지금 주소인걸."

"그거 다행이다. 내일 날이 밝으면 찾아가보자."

"아니, 지금 당장 가보는 게 좋겠어."

"하지만 벌써 날이 저물었어. 이렇게 늦은 시간에 불쑥 찾아가면 실례 아닐까?"

"할아버지에겐 시간이 별로 없어. 오늘 밤 당장 무슨 일이 생길지 모른다고."

선재의 눈을 들여다보던 리사가 마지못해 고개를 끄덕였다.

"휴…… 정 그렇다면 가보자."

"와아…… 근사하다!"

자신의 집 못지않은 저택 앞에 서서 리사가 감탄사를 발했다. 굳게 닫힌 철제 대문 위에는 감시카메라까지 달려 있었다. 카메라를 뚫어져라 바라보던 선재가 벨을 눌렀다.

"누구세요?"

"여기가 이순임 할머니 댁이 맞나요?"

"예, 그런데요. 누구시죠?"

"이순임 할머니를 뵐 수 있을까요? 급한 일이 있어서 찾아왔거든요."

2

"잠시만 기다리세요."

인터폰이 끊기고 선재와 리사는 긴장된 눈으로 서로의 얼굴을 마주 보았다. 잠시 후, 덜컹 소리와 함께 문이 열리며 휠체어에 앉은 단아한 느낌의 할머니가 나왔다. 휠체어를 밀고 있는 젊고 예쁜 아가씨도 있었는데 젊은 시절의 할머니와 꼭 닮아 있어서 할머니의 손녀가 아닌가 생각되었다. 선재와 리사의 얼굴을 찬찬히 살피던 할머니가 침착한 목소리로 물었다.

"내가 이순임인데, 너희들은 누구니?"

"……."

선재가 선뜻 대답하지 못하고 망설였다.

"얘들아?"

"송석범 할아버지를 알고 계시죠?"

"누, 누구라고……?"

노인의 이름을 듣는 순간, 할머니의 눈이 커다래졌다. 한동안 충격 어린 눈으로 선재를 쳐다보던 할머니의 얼굴이 바위처럼 굳어졌다.

"너희가 어떻게 그 이름을 알고 있니? 혹시 그분의 손자니?"

"아뇨, 실은……."

선재가 차분한 목소리로 사정을 설명했다. 암 환자인 할아버지가 마지막으로 만나고 싶어 한다는 이야기를 들은 할머니는 싸늘하고 냉정한 태도를 보였다.

"미안하지만 나는 그분을 두 번 다시 보고 싶지 않구나. 수십 년이 흘렀지만 그날 밤의 기억은 여전히 잊혀지지가 않는다. 장담하건대, 내가 경험한 가장 지독한 배신이었어."

"할아버지께선 후회하고 계세요. 그래서 할머니를 뵙고 꼭 용서를 빌고 싶으신 거예요."

"나는 그 사람을 절대로 용서할 수가 없어. 용서하기엔 그는 내게 너무도 큰 잘못을 저질렀다."

"하지만 할머니!"

"더 이상 할 말은 없으니 돌아가렴."

"할머니! 할머니!"

덜컹!

선재가 다급하게 불렀지만 할머니는 대문 안으로 사라져버렸다. 리사가 어깨를 축 늘어뜨렸다.

"이젠 정말 포기해. 할머니가 싫다는데 어쩔 수 없잖아."

"하지만 할아버지가……."

"그 할아버지 때문에 할머니는 큰 상처를 입었어. 보고 싶지 않은 게 당연할지도 몰라."

"……."

선재가 입을 꾹 다문 채 굳게 닫힌 대문을 뚫어져라 보았다. 리사가 선재의 팔을 슬쩍 잡아당겼다.

"돌아가자. 너무 늦었어."

선재가 마지못해 리사에게 끌려갔다. 이때 선재의 핸드폰이 울렸

다. 선재가 핸드폰을 귀에 댔다.

"여보세요? 아, 간호사 누나?"

병원에서 걸려온 전화 같았다. 선재가 간호사에게 부탁해 할아버지에게 무슨 일이 생기면 연락해달라고 부탁한 모양이었다. 간호사와 통화하던 선재의 눈이 커다랗게 변했다.

"뭐라고요? 할아버지께서 갑자기 위독해지셨다고요?"

핸드폰을 내려놓은 선재의 얼굴이 하얗게 질렸다. 리사가 선재를 향해 걱정스럽게 물었다.

"할아버지가 안 좋아지신 거야?"

"오늘 밤을 넘기지 못하실 수도 있대."

"아아……."

신음을 흘리던 리사가 고개를 설레설레 흔들었다.

"그, 그래도 어쩔 수 없어. 할머니가 만나고 싶지 않다는데 우리가 뭘 어쩌겠어?"

입술을 질끈 깨물던 선재가 저택을 향해 똑바로 걸어갔다. 그리고 대문 앞에 털썩 무릎을 꿇었다. 그런 선재의 어깨 너머에서 리사가 놀라 소리쳤다.

"어쩌려고 이러는 거야?"

"오늘 밤이 마지막 기회야. 할머니가 나오실 때까지 여기서 한 발자국도 움직이지 않겠어."

선재의 고집스런 등을 바라보던 리사가 한숨 섞인 목소리로 물었다.

"대체 왜 이렇게까지 하는 건데? 그 할아버지는 네 친할아버지도 아니잖아?"

입을 꾹 다물고 있던 선재가 내뱉듯이 말했다.

"우리 아빠도 병원에 입원해 있어."

"!"

순간 리사가 움찔했다. 그제야 선재가 왜 이렇게까지 노인한테 집착하는 알아차릴 수 있었기 때문이다.

'어쩌면 할아버지에게서 아빠의 모습을 보고 있는 것일지도……!'

리사도 선재를 조금은 이해할 수 있을 것 같았다. 하지만 그렇다고 무작정 무릎을 꿇고 기다리는 게 좋은 방법 같지는 않았다. 할머니가 저 대문을 열고 나올 가능성은 희박한 것이다.

"아아…… 어떡하면 좋지?"

후우웅-

이때 리사의 몸 윤곽을 따라 익숙한 빛이 떠올랐다. 리사가 점점 강해지는 빛에 휩싸이는 자신의 몸을 내려다보며 인상을 구겼다.

"뭐야? 하필이면 이럴 때 과거로 떨어지려는 거야? 지금은 안 돼!"

화가 치민 리사가 빽 소리쳤지만 고함소리마저 눈부신 빛 속에 파묻혀버렸다.

3
낙천적인 사관생도 윈스턴과의 만남

"와아아!"

눈을 꼭 감은 리사의 귀에 함성소리가 들렸다. 놀라서 번쩍 눈을 뜨는 순간, 리사는 낯선 운동장 한복판에 우두커니 서 있는 자신을 향해 맹렬한 기세로 달려오는 백인 청년들을 발견했다. 운동복 차림의 청년들은 마치 먹이를 노리는 맹수들 같았다. 리사가 양쪽에서 덤벼드는 청년들을 향해 두 팔을 내뻗으며 다급히 외쳤다.

"스톱! 다들 멈춰요!"

하지만 열 명 정도의 청년들은 리사를 향해 붕 몸을 날렸다. 청년들에게 깔려 쓰러지며 리사가 비명을 질렀다.

"꺄아악! 사, 사람 살려!"

필사적으로 버둥거린 끝에 리사는 간신히 자신을 깔아뭉갠 청년들로부터 빠져나올 수 있었다.

"당신들, 대체 여자한테 뭐하자는……."

리사가 따지려는 순간 청년들 중에서 가장 핸섬한 외모를 가졌지만 악동 기질이 다분해 보이는 청년이 럭비공을 번쩍 들어올렸다.

"내가 잡았다!"

"와아아!"

동시에 청년들이 악동 청년을 향해 우르르 달려들었다.

"흥, 잡힐 것 같냐?"

악동 청년이 자신을 잡으려는 청년들을 미꾸라지처럼 이리저리 피하며 내달렸다. 마침내 운동장 끝까지 달려간 악동 청년이 럭비공을 집어던지며 소리쳤다.

"터치다운!"

악동 청년과 같은 팀 청년들이 몰려들어 환호했다.

"윈스턴 처칠!"

"윈스턴 처칠!"

"윈스턴 처칠!"

악동 청년을 무등 태운 채 운동장을 달리는 청년들을 보며 리사가 멍하니 중얼거렸다.

"윈스턴 처칠? 윈스턴 처칠이라면 2차 세계대전을 승리로 이끈 영국의 총리이잖아……?"

그리고 보니 리사는 얼마 전까지 세기의 로맨스에서 윈스턴 처칠과

3

클레멘타인의 이야기를 읽고 있었다. 그제야 리사는 자신의 옆구리에 끼워져 있는 두툼한 양장본 책을 발견했다. 리사가 책장을 펼치며 한숨을 푹 쉬었다.

"으이그~ 그래, 네가 없을 리가 없지."

예상했던 대로 책 중에서 처칠과 클레멘타인 부분은 활자가 지워져 백지로 변한 채였다. 리사가 신경질적으로 책장을 덮었다.

"대체 왜 자꾸 나를 이런 곳으로 끌고 오느냐 말이야?"

"누가 누굴 끌고 왔다는 거야?"

"!"

갑작스런 목소리에 리사가 흠칫 앞을 보았다. 방금 전의 악동 청년이 땀에 젖은 건강한 얼굴로 리사 앞에 서 있었다. 리사가 새삼스런 눈으로 청년의 모습을 찬찬히 살펴보았다. 풍성한 금발에 새파란 눈동자, 시원하게 뻗은 콧날과 붉고 두터운 입술은 순정만화의 주인공을 떠올릴 만큼 완벽했다. 그러나 호기심과 장난기가 가득한 청년의 눈은 그가 만만치 않은 말썽꾸러기임을 암시하고 있었다.

"남의 얼굴을 왜 그렇게 뚫어져라 쳐다보지, 귀여운 아가씨?"

"아, 아무것도 아니에요."

청년이 얼굴을 불쑥 들이밀자 리사는 괜스레 얼굴을 붉혔다. 리사의 눈을 들여다보며 싱글벙글 웃던 청년이 불쑥 손을 내밀었다.

"내 이름은 윈스턴 처칠이야. 우리 귀여운 아가씨는 이름이 뭐지?"

"리, 리사예요."

3

리사가 윈스턴이 내민 손을 잡으며 수줍게 대답했다. 윈스턴이 리사의 팔을 위아래로 과장되게 흔들었다.

"그런데 리사는 어떻게 우리 샌드허스트육군사관학교 연병장 한복판에 서 있게 된 거지? 우리 학교는 여자는 출입금지인데?"

"그게……."

선뜻 대답할 말이 떠오르지 않아 리사는 우물쭈물했다.

"대답하기 싫으면 하지 않아도 돼. 럭비 시합도 끝났으니 이곳에 서 있고 싶은 만큼 서 있으라고."

"잠깐만요!"

돌아서는 윈스턴을 리사가 불러 세웠다.

"아직 나한테 볼일이 남았나?"

"저어…… 염치없지만 당분간 당신과 함께 지내면 안 될까요? 제가 당장 갈 곳이 없어서요."

"하하! 오늘 처음 만났으면서 나와 함께 지내자고? 그것도 남자들만 우글거리는 사관생도 기숙사에서?"

"역시 힘들겠죠? 무리한 부탁을 해서 미안해요."

리사가 고개를 꾸벅 숙인 후 돌아섰다. 어깨를 축 늘어뜨린 채 걸음을 옮기는 리사의 등을 물끄러미 바라보던 윈스턴이 그녀를 불렀다.

"어이, 잠깐!"

"예?"

"며칠 동안이라면 내 방에서 지내도 좋아. 대신 사감 장교들에게 걸

리지 않게 조심해야 한다."

"그건 걱정 말아요."

그때부터 리사는 윈스턴의 방에서 함께 지내게 되었다. 리사가 침대를 차지했고 윈스턴은 담요를 깔고 소파에서 잤다. 물론 사관생도들을 훈련시키고 감독하는 사감 장교들에게는 비밀이었다. 리사의 존재를 알아차린다면 당장 그녀를 쫓아낼 것이 분명했다.

"후우우…… 진짜 사상 최악의 악동이라니까."

며칠 동안 윈스턴을 지켜보며 리사가 내린 결론이었다. 그는 규율이나 자긍심 따위에는 별 관심이 없었다. 그는 학교의 거의 모든 규율을 어겼고, 재미를 위해서라면 자존심 정도는 언제든 포기했다. 오전의 이론 시간은 부족한 잠을 보충하는 데 썼고, 오후의 훈련 시간은 귀신 같이 숨을 장소를 찾아서 피했다. 그뿐이라면 말도 하지 않는다. 해가 뉘엿뉘엿 넘어가면 윈스턴은 사관학교의 높은 담장을 뛰어넘어 근처의 클럽으로 달려갔다. 그곳에서 밤새 맥주를 마시며 춤을 추었다. 잘 웃고, 잘 놀고, 잘 마시는 윈스턴의 주변에 아가씨들이 모여드는 것은 어쩌면 당연했다. 윈스턴은 아가씨들과의 데이트도 마음껏 즐겼다. 그런 윈스턴을 지켜보며 리사는 혀를 찼다.

'으이그…… 저래가지고 전쟁을 치를 수나 있겠어?'

그러던 어느 날 사건이 터졌다. 기숙사에 여자아이가 숨어 있다는 소문을 들은 사감들이 불시에 검열에 나선 것이다. 일요일 아침에 방에서 한가하게 차를 마시던 윈스턴과 리사는 화들짝 놀랐다.

"어떡하지? 어떡하지? 이젠 꼼짝없이 발각되게 생겼어."

당황하여 제자리에서 빙글빙글 맴도는 리사와 달리 윈스턴은 태연하기만 했다.

"너무 걱정하지 마."

"무슨 방법이라도 있어요?"

"그건 아니지만 하늘이 무너져도 솟아날 구멍은 있는 법이야."

어떤 상황에서도 낙천적인 윈스턴을 리사가 황당한 듯 보았다. 오늘만은 여유를 부릴 상황이 아닌 것이다. 이 기숙사에서 쫓겨난다면 아는 사람 한 명 없는 19세의 말의 영국에서 대체 어디로 간단 말인가.

얼굴이 하얗게 질린 채 발을 동동 구르는 리사를 지켜보던 윈스턴이 턱을 매만지다가 손가락을 딱 튕겼다.

"오케이! 좋은 방법이 떠올랐어!"

"지, 지금 뭐하는 거예요?"

"일단 이 옷을 입도록 해."

윈스턴이 옷장에서 꺼낸 생도복을 리사에게 입혔다. 긴 소맷단과 바짓단을 안쪽으로 접어 숨기고, 군모까지 푹 씌우자 리사는 제법 사관생도처럼 보였다.

"흐음…… 제법 그럴듯한데."

손바닥을 탁탁 털며 흡족한 미소를 짓는 윈스턴을 리사가 흘겨보았다.

"이 정도론 들킬 거예요."

"그야 닥쳐봐야 알 수 있겠지."

리사가 한숨을 푹 쉬며 고개를 흔들었다.

"윈스턴, 솔직히 말해봐요."

"뭘?"

"지금껏 살아오면서 단 한 번도 걱정이란 걸 해본 적이 없죠?"

윈스턴이 어깨를 으쓱했다.

"나는 아무리 절망적인 상황에서도 희망은 존재한다고 믿는 사람이야. 큰일 났다며 두려움에 떠느니 잘될 거라며 믿으며 해결책을 찾는 게 낫지 않을까?"

"헐……!"

리사가 기가 막힌 듯 실소했다. 하지만 매사 낙천적인 윈스턴이 싫지는 않았다. 조금 엉뚱하긴 해도 그의 곁에 있으면 왠지 안심이 되는 것이다. 윈스턴이 리사에게 얼굴을 들이밀며 싱긋 웃었다.

"리사, 만약 들킬 것 같으면 무조건 "여왕폐하 만세!"라고 외치도록 해."

"그, 그것만 하면 돼요?"

"나머지는 내가 알아서 할게."

"아얏!"

윈스턴이 손가락을 튕겨 코끝을 때리자 리사가 미간을 찌푸렸다. 리사가 귀여워 견딜 수 없다는 듯 윈스턴이 그녀의 볼을 잡고 흔들었다.

"이제 나갈까요, 아가씨?"

3

　기숙사의 모든 사관생도들이 복도 양옆으로 죽 늘어섰다. 전 생도들이 복도에 나와 있는 동안 사감들이 방을 샅샅이 조사하는 것이다. 잠시 후, 정복 차림에 깐깐한 인상의 사감 둘이 사관생도들 사이로 걸어왔다.

　저벅! 저벅!

　사감들이 차렷 자세로 굳어 있는 생도들 사이를 지나가며 얼굴을 찬찬히 살폈다. 윈스턴 옆에 서서 리사는 입이 바싹바싹 타들어가는 기분이었다.

　'제발 그냥 지나가라…… 제발…….'

　사감들이 윈스턴과 리사를 슥 훑으며 지나갔다. 리사의 입술 사이로 낮은 한숨이 새어나왔다.

　"후우우……."

　바로 그 순간 뒤쪽에서 걷던 사감이 우뚝 걸음을 멈추었다. 사감이 고개를 갸웃하며 리사의 앞으로 다가왔다. 리사는 눈앞이 캄캄해지는 기분이었다. 마른 침을 삼키는 리사의 얼굴을 뚫어져라 들여다보던 사감이 지휘봉을 리사의 모자챙에 댔다.

　"귀관은 이름이……?"

　이제 사감이 모자를 벗기면 리사가 여자라는 게 밝혀질 것이다. 절체절명의 순간, 리사의 뇌리로 방금 전 처칠이 했던 말이 퍼뜩 스치고 지나갔다.

　"만약 들킬 것 같으면 무조건 "여왕폐하 만세!"라고 외치도록 해."

리사가 다짜고짜 두 팔을 번쩍 쳐들었다.

"여왕폐하 만세!"

"!"

순간 사감들이 본능적으로 부동자세를 취했다. 그리고 복도에 죽 늘어서 있던 사관생도들이 입을 모아 국가인 '신이여, 여왕을 구하소서'를 부르기 시작했다.

신이여 자비로운 우리 여왕을 구하소서
존귀한 여왕으로 오래 살게 하소서
신이여 여왕을 구하소서
그녀에게 승리와 행복과 영광을 주시고
오랫동안 우리를 다스리게 하소서
신이여 여왕을 구하소서

윈스턴과 사감들도 입을 활짝 벌리고 노래를 불렀다. 노래가 끝나고 나자 사감들은 더 이상 리사에게 관심을 보이지 않고 사라져버렸다. 멀어지는 사감들의 뒷모습을 보며 리사가 한숨을 몰아쉬었다.

"후우우…… 정말 아슬아슬했어."

윈스턴이 리사의 등을 찰싹 때렸다.

"그것 봐. 하늘이 무너져도 솟아날 구멍이 있다고 했잖아."

"윽!"

3

리사가 등을 어루만지며 눈을 흘겼다.

"어쩌다 운이 좋았던 거예요. 매사 요행만 바라면 안 된다고요."

"나는 행운이 따라다니는 남자야. 희망만 잃지 않으면 불가능한 일은 없어."

"후우…… 낙천적인 건지, 철이 없는 건지 헷갈린다니까."

"리사, 나와 함께 나가자."

"또 어딜 가자고요?"

"내가 자주 가는 클럽에 너도 데려갈게. 검열을 무사히 통과한 기념이야."

그날 저녁, 리사는 윈스턴을 따라 샌드허스트육군사관학교 근처의 클럽에 들어갔다. 시끄러운 음악이 쿵쾅거리는 클럽 안에서 생도들과 예쁘게 차려 입은 아가씨들이 맥주를 마시거나 춤을 추고 있었다. 리사는 클럽 안이 너무 시끄럽고 복잡해서 정신이 하나도 없었다.

"마실 걸 가져다줄 테니까, 여기서 기다리고 있어!"

윈스턴이 리사의 귀에 대고 소리친 후 바를 향해 돌아섰다. 리사는 사람들에게 이리저리 치이며 윈스턴이 돌아오길 기다렸다. 그런데 한참을 기다려도 그가 돌아오지 않았다. 리사가 인상을 긁으며 중얼거렸다.

"이 인간이 또 어디로 사라져버렸지?"

"와아아!"

바로 그때 플로어 쪽에서 환호성이 들려왔다. 리사가 빙 둘러선 사람들을 헤치고 플로어 쪽으로 나갔다. 플로어를 확인한 리사의 입에서 절로 신음이 새어나왔다.

"끄응……!"

음료수를 가져다주겠다던 윈스턴은 플로어에서 웬 귀엽게 생긴 아가씨와 신 나게 춤을 추고 있었다. 땀을 뻘뻘 흘리며 정신없이 춤추는 윈스턴을 바라보며 리사는 기가 막힌 듯 실소했다.

"하여튼 무언가에 빠지면 다른 사람은 까맣게 잊어버린다니까."

마침내 윈스턴과 아가씨의 춤이 끝나자 사방에서 박수와 환호가 터져 나왔다.

"와아아!"

"브라보!"

이마에 땀방울이 송글송글 맺힌 윈스턴이 방금 전까지 춤추던 아가씨의 손을 잡은 채 리사에게 다가왔다.

"리사! 클레멘타인을 소개할게!"

윈스턴을 흘겨보며 리사가 클레멘타인에게 인사했다.

"안녕하세요? 리사라고 해요."

"저는 클레멘타인 호지어예요."

"반가워요, 클레멘타인."

친근하게 웃는 클레멘타인의 얼굴을 리사가 찬찬히 살펴보았다. 착하고 순진하게 생긴 얼굴이었지만 밝게 빛나는 두 눈에선 총기와 의

지가 엿보였다.

이때 윈스턴이 갑자기 클레멘타인의 어깨를 와락 안았다.

"오늘부터 클레멘타인과 정식으로 사귀기로 했어."

"정말이에요?"

리사가 눈을 크게 뜨자 클레멘타인도 당황했다.

"아, 아니. 난 그러겠다고 말한 적이······."

윈스턴이 울상을 지으며 클레멘타인의 눈을 들여다보았다.

"클레멘타인, 설마 내가 싫은 거예요?"

"그, 그런 건 아니지만······."

"그럼 나와 사귀겠다고 말해줘요."

"하지만 너무 갑작스러워서······."

클레멘타인이 정색했다.

"저한테 며칠만 생각할 시간을 주세요."

"그럼 일주일 후 저녁에 이 클럽에서 다시 만나요. 그땐 꼭 대답을 해줘야 해요."

"알겠어요."

윈스턴과 클레멘타인은 그렇게 약속만 남기고 헤어졌다. 하지만 그 약속은 지켜지지 못했다. 그로부터 정확히 사흘 후에 영국령 쿠바에서 반란이 일어났는데 윈스턴이 제4 경기병 연대에 자원하여 진압 작전에 참전하러 떠나버린 것이다. 윈스턴이 갑자기 떠나자 리사도 오갈 데가 없어져버렸다. 윈스턴이 여인숙 방 하나를 얻어주고, 약간의

3

 돈을 남겨주고 떠났지만 황당하기는 마찬가지였다. 며칠 동안 방안에서 뒹굴뒹굴하던 리사는 퍼뜩 윈스턴과 클레멘타인의 약속을 떠올렸다.

 "아…… 그러고 보니 두 사람이 약속한 날에서 이미 사흘이나 지나 버렸잖아."

 잠시 고민하던 리사는 클럽에 가보기로 했다. 어쩌면 클레멘타인이 윈스턴을 기다리고 있을지도 모른다는 생각이 들었기 때문이다.

 해질 무렵, 리사는 클럽의 문을 밀고 들어갔다. 처음 왔을 때처럼 클럽 안은 사람들로 북적였다. 시끄러운 음악에 맞춰 춤추는 사관생도들과 아가씨들 사이에서 클레멘타인은 보이지 않았다. 그녀의 모습이 보이지 않자 리사는 오히려 안도했다.

 "다행히 기다리고 있지 않았구나."

 "리사!"

 바로 그때 리사의 이름을 부르는 소리가 들렸다. 놀라 돌아서는 리사를 향해 클레멘타인이 다가왔다.

 "설마 사흘 전부터 매일 클럽에 나와서 기다리고 있었던 거예요?"

 클레멘타인이 얼굴을 살짝 붉혔다.

 "아니, 뭐 꼭 그를 기다렸다기보다는 바람이나 쐬려고 나온 거야."

 "으음……."

 클레멘타인의 얼굴을 지그시 보며 리사가 신음을 흘렸다. 그녀는 이미 사랑에 빠진 얼굴을 하고 있었다. 리사는 가능하다면 그녀를 말리고 싶었다. 리사가 보기에 클레멘타인은 성실하고 차분한 아가씨였다. 그것은 분명 그녀의 장점이었다. 문제는 그 장점이 윈스턴 처칠이란 남자와는 잘 맞지 않는다는 데 있었다. 윈스턴은 모든 면에서 클레멘타인과 정반대였다. 그는 지나치게 활기찼으며, 모든 것에 금방 싫증을 내고 늘 새로운 흥밋거리를 찾아 헤매는 타입이었다. 마치 영원히 철이 들지 않는 어린왕자 같다고나 할까?

물론 그런 성격이 나쁜 것도 아니고 오히려 매력이라고 할 수 있었다. 윈스턴은 주위에 있는 사람들을 늘 유쾌하게 만들었고, 아무리 어려운 상황에서도 희망을 잃지 않도록 격려하는 재주가 있었다. 그럼에도 그의 장점들이 그를 사랑하는 여자를 힘들게 만들리란 걸 리사는 본능적으로 알 수 있었다. 그래서 지금 눈앞에서 윈스턴의 안부를 묻고 싶어 입이 근질근질하지만 초인적인 인내심으로 참고 있는 클레멘타인이 윈스턴과 사랑에 빠지는 상황만은 진심으로 막고 싶었다.

리사가 한숨 섞인 목소리로 말했다.

"윈스턴은 며칠 전 쿠바 진압군에 자원해서 남미로 떠났어요."

"아…… 나는 그런 줄도 모르고……."

클레멘타인의 얼굴에는 오히려 안도의 빛이 떠올랐다. 그녀는 윈스턴에게 완전히 바람맞지 않았다는 사실에 안도하고 있는 듯했다.

'당신과의 약속을 헌신짝처럼 버리고 쿠바로 떠났다는 사실만으로도 화를 내야 마땅하거든.'

3

속으로 투덜거리는 리사를 향해 클레멘타인이 빙긋 웃었다.

"일부러 찾아와 알려줘서 고마워. 리사는 참 친절한 아가씨 같아."

"별 말씀을요."

"리사, 이제부터 말도 낮추고, 나를 친한 언니처럼 대해줄래?"

"으음……."

턱을 만지며 고민하던 리사가 흔쾌히 고개를 끄덕였다.

"좋아!"

"정말 잘됐어. 늘 리사처럼 예쁜 동생을 갖고 싶었거든."

손을 맞잡고 기뻐하는 클레멘타인을 보며 리사도 기분이 좋아졌다.

"나도 앞으로 언니랑 친하게 지내고 싶어."

클레멘타인이 문득 생각난 듯이 물었다.

"그런데 리사는 지금 어디에서 지내고 있어? 전에 들으니까 사관학교 기숙사에서 숨어서 지내고 있다며? 하지만 지금은 윈스턴이 쿠바로 떠나고 없잖아?"

"후우…… 그렇잖아도 그 문제 때문에 골치가 아파."

리사가 한숨을 푹 쉬며 답답한 마음을 고백했다. 리사의 고민을 들은 클레멘타인이 불쑥 제안했다.

"그러지 말고 차라리 우리 집으로 가자."

"언니네 집으로?"

"우리 집도 썩 훌륭하지는 않지만 여인숙보다 안전하고, 내가 직접 만든 따뜻한 식사도 대접할 수 있으니까 낫지 않을까?"

"실례만 되지 않는다면 나야 고맙지."

리사는 진심으로 기뻐서 눈물이라도 흘릴 뻔했다. 클레멘타인이 리사의 손을 잡고 클럽을 빠져나갔다.

"쇠뿔도 단김에 빼랬다고 지금 당장 가보자!"

4
약혼식 전야의 참전

클레멘타인의 집은 샌드허스트육군사관학교 근처의 빈민촌에 있었다. 집은 상상했던 것보다 훨씬 허름했다. 이층집의 계단을 밟고 올라갈 때 하도 삐걱거려서 리사는 계단이 푹 꺼질까봐 조마조마했다. 클레멘타인이 쓰는 이층 거실을 채운 빛바랜 가구들은 그녀의 어려운 형편을 대변해주고 있는 것처럼 보였다. 천장 구석의 거미줄 때문에 을씨년스런 분위기마저 풍겼다.

불안한 표정으로 두리번거리는 리사 앞에 서서 클레멘타인이 쑥스러운 듯이 웃었다.

"집이 많이 낡았지? 내일쯤 대청소를 할 테니까 조금만 참아줘."

"부모님께 인사부터 드려야지."

"아버지는 몇 년 전에 병으로 돌아가셨고, 어머니는 고향에 머물고 계셔. 아버지의 치료비를 감당하느라고 집안 형편이 더욱 기울었지."

"그렇구나."

클레멘타인이 부러 밝게 웃었다.

"그렇지만 괜찮아. 내가 열심히 일해서 우리 집안을 다시 일으켜 세우면 되니까."

팔뚝을 세우고 있지도 않은 알통에 힘을 주는 클레멘타인을 보며 리사가 웃음을 터뜨렸다.

"그래, 클레멘타인이라면 해낼 수 있을 거야."

"네가 쓸 방을 보여줄 테니까 따라와."

클레멘타인이 리사를 방으로 안내했다. 거실에 비해 방은 깨끗했다. 침대 옆 창으로 탁 트인 하늘이 보였다. 창틀의 고풍스런 화병에 꽂힌 수선화 한 송이도 리사의 마음을 사로잡았다.

"방이 정말 예뻐."

"마음에 든다니 다행이다."

"너무 큰 신세를 지는 것 같아서 걱정이 되기도 해."

"혼자 지내느라 늘 쓸쓸했는데, 리사가 와줘서 오히려 고마운걸."

"그렇게 생각한다면 다행이고."

"샤워부터 하고 나와. 그 사이에 나는 저녁을 준비할게."

"응!"

그날부터 함께 지내게 된 리사와 클레멘타인은 모든 면에서 죽이 잘 맞았다. 리사가 가끔 제멋대로 굴었지만 그때마다 클레멘타인은

친언니처럼 보듬어주었다. 그렇게 보름 정도 함께 지내는 동안 두 아가씨는 친자매처럼 가까워졌다.

초여름의 일요일 아침, 클레멘타인과 리사는 주방에 나란히 서서 아침식사를 만들고 있었다. 클레멘타인은 직접 반죽한 빵을 굽고 있었고, 리사는 양상추와 양파를 대충 버무려 샐러드를 만드는 중이었다.

쾅! 쾅! 쾅!

"이 시간에 누구지?"

이때 일층에서 요란하게 현관문 두드리는 소리가 들려왔다. 클레멘타인과 리사는 앞치마에 젖은 손을 닦으며 계단을 밟고 내려갔다.

"누구세요?"

"안녕, 레이디들? 다시 만나서 반가워!"

문 앞에 서서 환하게 미소 짓고 있는 사람은 근사한 기병장교 복장의 윈스턴이었다. 더운 곳에 다녀왔기 때문일까? 윈스턴의 얼굴은 커피색으로 그을려 있었다. 그것이 잘생긴 그의 얼굴을 더욱 매력적으로 보이도록 만들었다. 철부지 귀족 도련님에게서 갑자기 남자의 체취가 물씬 풍긴다고나 할까?

"아, 저기……."

클레멘타인도 리사와 비슷한 생각을 한 것 같았다. 근사해진 윈스턴의 모습에 할 말을 잃고 머뭇거리던 클레멘타인이 엉뚱하게도 손을 번쩍 쳐들었다.

"저도 만나서 반가워요. 하핫!"

"헐……!"

왜 자신과의 약속을 헌신짝처럼 버리고 떠났느냐며 따질 줄 알았던 리사가 황당한 눈으로 클레멘타인을 돌아보았다.

'으이그…… 이 순진한 아가씨야!'

내심 혀를 차던 리사가 클레멘타인을 대신해서 윈스턴의 정강이를 힘껏 걷어찼다.

"일단 한 대 맞아요!"

"아우! 아우!"

발목을 잡고 껑충껑충 뛰는 윈스턴을 리사가 준엄하게 꾸짖었다.

"당신이 약속을 지키지 않아서 클레멘타인이 얼마나 힘들어 한지 알아요? 빨리 사과부터 해요!"

"리, 리사. 그럴 필요까지는……."

리사를 말리는 클레멘타인을 향해 윈스턴이 허리를 구십 도로 숙였다. 클레멘타인이 당황스런 목소리로 물었다.

"지, 지금 뭐하는 거예요?"

"총알이 빗발치는 쿠바의 정글을 헤매며 나는 비로소 깨달았어."

"무엇을요?"

클레멘타인의 손등에 입을 맞추며 윈스턴이 고백했다.

"사랑해, 클레멘타인. 나와 약혼해줘."

"……!"

클레멘타인은 물론 리사까지 입을 쩍 벌렸다. 윈스턴과 클레멘타인이 실제로 만난 것은 단 두 번밖에 되지 않는다. 그런데 약혼이라니? 아무리 어디로 뛸지 모르는 남자라지만 이건 심해도 너무 심했다. 리사가 두 사람 사이에 끼어들어 사태를 진정시키려고 했다.

"일단 진정해요. 두 사람은 아직 서로에 대해서 잘 알지도……."

리사가 채 말을 끝맺기도 전에 어깨 너머에서 클레멘타인의 떨리는 목소리가 들렸다.

"윈스턴 처칠, 당신과 약혼하겠어요."

"언니까지 왜 이래?"

"리사, 나도 윈스턴을 사랑하고 있어."

"아……!"

클레멘타인의 얼굴을 돌아본 리사는 말문이 막혀버렸다. 세상에서 가장 행복한 여자의 얼굴이 거기에 있었다.

'클레멘타인, 나도 언니가 행복하길 바라. 하지만 너무 서둘지 않았으면 좋겠어. 당신들 두 사람은 성격이나 환경이 너무 다르단 말이야.'

하지만 리사는 둘 사이에서 한 걸음 물러섰다. 이미 불붙기 시작한 두 사람의 사랑을 도저히 막을 수 없음을 깨달았기 때문이다. 윈스턴이 클레멘타인에게 바짝 다가서며 들뜬 목소리로 속삭였다.

"지금 당장 런던의 우리 집으로 가자구. 어머니께 당신을 소개시키고 싶어 안달이 날 지경이야."

"하지만 방금 아침식사 준비가 끝났는걸요?"

황당해하는 리사를 돌아보며 윈스턴이 씨익 웃었다.

"더 맛있는 걸 실컷 먹여줄 테니까 불평 말고 따라와."

"으아아……! 이게 성이야, 집이야?"

런던 중심부에 위치한 대저택 안으로 들어서며 리사는 저도 모르게 입을 쩍 벌렸다. 클레멘타인도 긴장하는 기색이 역력했다. 윈스턴이 귀족이란 사실은 알고 있었지만 이렇게까지 부자인 줄은 몰랐던 것이다.

고풍스런 장식의 철제 대문을 통과한 클레멘타인과 리사는 윈스턴을 따라 십 분 넘게 걸어 들어가야 했다. 그 사이에 윈스턴을 향해 정중하게 머리를 숙이는 십 수 명의 고용인들과 마주쳤다. 리사는 점점 클레멘타인이 걱정되기 시작했다. 과연 이 대단한 저택에서 환영받을 수 있을 것인가.

세 사람이 마침내 성을 연상시키는 바로크풍의 저택 현관에 도착했다. 안쪽에서 몸에 꼭 맞춘 턱시도 차림의 늙은 집사가 달려 나왔다.

"어서 오십시오, 도련님!"

허리 숙여 인사하는 집사를 스쳐 윈스턴과 클레멘타인, 리사가 저택 안으로 들어갔다. 널찍한 홀과 긴 복도를 한참동안 걸은 끝에 세 사람은 저택 중심부의 거실에 도착할 수 있었다. 비록 나이는 들었지만 온몸에 기품이 흐르는 귀부인이 검은 대리석으로 만든 기다란 테이블 끝에 앉아 우아하게 차를 마시고 있었다. 부인을 향해 다가간 윈스턴이 그녀의 볼에 다정하게 입을 맞추었다.

"그동안 잘 지내셨죠, 어머니?"

그녀가 바로 윈스턴의 어머니, 제니 부인이었다.

"오랜만이구나, 윈스턴. 쿠바 원정을 다녀왔다지?"

"남미 사람들에게 영국군 소위의 용맹함을 보여주고 왔죠."

아들을 반갑게 맞이한 제니 부인이 의아한 눈으로 윈스턴의 뒤쪽에 엉거주춤 서 있는 클레멘타인과 리사를 보았다. 그제야 윈스턴이 두 사람을 소개했다.

"클레멘타인과 리사를 소개할게요. 클레멘타인 양은 곧 저와 약혼할 사이고, 리사 양은 그녀의 친한 동생이에요."

귀부인의 입가에서 순식간에 미소가 사라졌다.

"약혼할 사이라고……?"

"예. 클레멘타인 같은 여자를 만나다니, 저는 정말 행운아예요."

윈스턴은 싱글벙글 웃었지만 제니 부인의 얼굴은 조금씩 굳어져갔다. 클레멘타인의 얼굴을 싸늘히 바라보던 부인이 탁자 맞은편 의자를 가리켰다.

"그쪽으로 앉아요."

"가, 감사합니다."

리사와 함께 자리에 앉는 클레멘타인의 목소리는 떨리고 있었다. 윈스턴도 어머니 옆에 앉았다. 세 사람이 앉자마자 메이드들이 다가와 차를 따라주었다. 그 사이에도 제니 부인의 시선은 클레멘타인에게로만 향했다. 클레멘타인은 리사에 보기에 안쓰러울 정도로 긴장하고 있었다. 리사가 그녀의 차가운 손을 꼭 잡아주었다.

"긴장 풀어. 언니는 윈스턴의 약혼녀로 손색이 없는 여자야."

"고, 고마워."

이때 제니 부인이 착 가라앉은 소리로 입을 열었다.

"클레멘타인 양이라고 했던가요?"

"예? 아, 예."

"부모님은 뭐하시는 분인가요?"

"아버지는 돌아가셨고, 어머니는 고향에 머물고 계십니다. 돌아가시기 전까지 아버지는 작은 무역회사의 서기로 일하셨어요."

"으음……"

미간을 잔뜩 찌푸리는 제니 부인을 보며 리사는 클레멘타인이 그렇게 자세히 설명할 필요는 없었다고 생각했다. 부인의 목소리가 방금 전보다 더 싸늘해졌다.

"클레멘타인 양은 혹시 윈스턴의 부친이 영국의 재무장관을 지냈던 랜돌프 경이란 사실을 알고 있나요?"

"처, 처음 듣는 이야기입니다만."

"그럼 윈스턴의 외조부께서 미국의 대부호 레너드 제롬이란 사실도 모르겠군요?"

"예, 죄송합니다."

"윈스턴의 조부께서 아일랜드 총독을 지낸 말보로 공작이란 사실은 더더욱 모르겠고요?"

"……"

클레멘타인의 안색이 하얗게 질리자 윈스턴이 끼어들었다.

"어머니, 집안 내력은 천천히 소개하시죠."

"더 늦기 전에 저 순진한 아가씨에게 이 약혼이 불가능한 이유를 알려주려는 거다."

"어머니!"

"돌아가신 네 아버지께선 너에게 참으로 많은 기대를 하셨다. 네가 학창시절 내내 말썽만 피우고, 성적이 좋지 못해 명문 사립이 아니라 샌드허스트육군사관학교에 들어갔을 때에도 아들에 대한 기대를 포기하지 않았어. 그런데 너는 사관학교에서조차 성적이 좋지 못해 보병장교가 되지 못하고 기병장교가 되었지. 쿠바에선 또 어땠니? 그 흔한 훈장 하나 받지 못한 채 빈손으로 돌아오지 않았니? 그런데 이제는 웬 근본도 모르는 아이를 약혼녀랍시고 데리고 나타났구나."

제니 부인이 폭풍처럼 몰아붙이는 말에 늘 싱글벙글하던 윈스턴의 얼굴도 일그러졌다. 한동안 어머니와 눈싸움을 벌이던 윈스턴이 억지로 미소를 지었다.

"그동안 실망만 시켜드려서 죄송해요. 하지만 클레멘타인은 절대 어머니를 실망시켜드리지 않을 거예요. 그러니 부디……."

"클레멘타인 양."

"예…… 예?"

"결혼은 비슷한 가문끼리 하는 거예요. 그러니 더 상처받기 전에 포기하도록 해요. 내 말 무슨 뜻인지 알겠죠?"

"아아…… 저, 저는……."

클레멘타인의 눈에서 기어이 눈물 한 방울이 뚝 떨어졌다. 윈스턴이 더 이상 참지 못하고 자리를 박차고 일어섰다.

"이제 그만하세요!

윈스턴이 시뻘게진 얼굴로 화를 냈다.

"누가 뭐래도 클레멘타인은 제가 사랑하는 여자입니다! 더 이상 그녀를 모욕하는 것은 참을 수 없습니다!"

"흐음……."

씩씩대는 아들의 얼굴을 주시하던 제니 부인이 스윽 일어섰다. 그녀가 클레멘타인의 얼굴을 쏘아보며 또박또박 말했다.

"내 아들은 어려서부터 고집쟁이였지. 하지만 이번만은 아들의 뜻대로 되지는 않을 거야. 내가 살아 있는 한 이 약혼은 절대로 허락하지 않을 테니까."

말을 마친 제니 부인이 우아한 걸음걸이로 거실을 빠져나갔다. 윈스턴과 클레멘타인은 절망적인 눈으로 부인의 뒷모습을 바라보았다.

"후우우……."

제니 부인이 사라지자마자 땅이 꺼져라 한숨을 내쉬는 클레멘타인의 손을 윈스턴이 잡았다.

"클레멘타인, 어머니 대신 사과할게. 부디 마음 상하지 말아줘."

"저는 괜찮아요. 어머니께서 가난한 저를 못마땅해 하시는 것도 당연한 일이고요."

"우리의 사랑에 배경 따윈 중요하지 않아."

윈스턴이 클레멘타인을 살며시 안아주었다. 그의 품속에서 클레멘타인도 조금은 안심하는 것 같았다. 하지만 리사는 두 사람의 앞날이 순탄하지 않으리란 예감을 떨쳐버릴 수가 없었다.

그로부터 보름 동안 클레멘타인과 리사는 윈스턴의 저택에서 머물렀다. 클레멘타인은 불편해했지만 윈스턴은 그녀가 이곳에 머물면서 시간을 두고 어머니와 친해지기를 바랐다. 윈스턴이 어머니를 얼마나 사랑하는지 알기에 클레멘타인도 순순히 따랐다. 하지만 제니 부인은 클레멘타인에게 시종일관 냉랭했다.

"어머니는 완고한 분이셔. 하지만 시간이 흐르면 나처럼 클레멘타인의 매력에 푹 빠지게 되실 거야."

여름이 깊어질 때까지 윈스턴과 클레멘타인은 노력했지만 부인은 꿈쩍도 하지 않았다. 결국 윈스턴은 중대 발표를 하기에 이르렀다.

"이렇게 된 이상 어머니가 반대한다 해도 약혼식을 올리겠어!"

"어머니의 분노에 기름을 끼얹는 짓이에요."

클레멘타인은 반대했지만 윈스턴은 결심을 바꾸려고 하지 않았다. 윈스턴과 그의 어머니는 마치 서로를 향해 질주하는 기관차처럼 아슬아슬해 보였다. 그러는 사이에 약혼식 날짜가 하루 앞으로 다가왔다. 약혼식에 반대하던 클레멘타인도 결국 윈스턴의 뜻에 따르기로 결심하고 급히 의상 등을 준비했다.

"리사, 이거 괜찮아 보여?"

클레멘타인이 눈처럼 흰 드레스를 앞에 둔 채 리사에게 물었다. 리사가 고개를 크게 끄덕였다.

"응! 눈이 부실 지경이야. 언니가 입으면 정말 예쁠 거야!"

"정말 고마워, 리사. 네가 아니었으면 난 포기했을지도 몰라."

클레멘타인이 갑자기 리사를 와락 끌어안았다. 리사가 들썩이는 클레멘타인의 어깨를 부드럽게 다독여주었다. 말은 안 했지만 그동안의 마음고생이 이만저만이 아니었을 것이다. 겨울왕국의 왕비처럼 차가운 제니 부인은 기회만 있으면 클레멘타인의 심장까지 얼려버릴 기세였던 것이다. 다른 누구보다 클레멘타인의 마음고생을 잘 알고 있는 리사가 그녀를 슬쩍 떨어뜨리며 환하게 미소 지었다.

"오늘만 울고 앞으론 울지 마. 내가 장담하건대, 앞으로 언니의 앞길에는 행복만이 가득할 거야."

"으응! 리사에게도 언제나 행운의 여신이 함께 하길 기도할게."

두 사람이 다시 한 번 서로를 안으려고 할 때 방문이 벌컥 열리며 윈스턴이 들어왔다.

"클레멘타인! 나 오늘 밤 떠나!"

"떠난다뇨? 어디로요?"

클레멘타인과 리사를 향해 윈스턴이 신문을 흔들며 외쳤다.

"모닝포스트지에서 나를 종군기자로 뽑아줬어! 나도 이제 보어전쟁에 참가할 수 있게 되었다고!"

리사와 클레멘타인이 황당한 듯 서로를 보았다.

"종군기자라면 전쟁터에서 활약하는 기자잖아……?"

"보어전쟁이라면 남아프카에서 우리 영국군과 보어인들이 벌이고 있는 전쟁을 말하는 거고……?"

윈스턴이 흥분된 목소리로 말을 이었다.

"실은 보어전쟁이 터지자마자 참전하고 싶어서 군에 복귀하려고 했어. 그런데 쿠바전선에서 사령관의 말에 복종하지 않았다는 이유로 거부하더군. 그래서 할 수 없이 모닝포스트지에 종군기자로 뽑아달라고 부탁해놓았지."

그제야 상황을 파악한 클레멘타인과 리사가 윈스턴을 향해 따졌다.

"설마 내일이 약혼식인데, 오늘 밤 아프리카로 가겠다는 건가요?"

"윈스턴 처칠, 당신 왜 이리 생각이 없어요?"

윈스턴이 클레멘타인의 손을 힘주어 잡았다.

"당신에겐 정말 미안해. 하지만 보어전쟁에 꼭 참전하고 싶어. 그러니까 당신이 이 저택에 머물며 나를 조금만 기다려주면 안 될까? 적어도 겨울이 오기 전에는 돌아올게, 응?"

"하하……!"

클레멘타인이 너무 기가 막혀 헛웃음을 흘렸다. 약혼식을 하루 앞두고 약혼자가 생사가 엇갈리는 전쟁터로 떠나겠다는데 어떻게 기가 막히지 않을 수 있겠는가. 반쯤 넋이 나간 클레멘타인을 대신해 리사가 항의했다.

"내일이 당장 약혼식인데 왜 굳이 지금 가겠다는 거예요?"

"그게 실은……."

리사는 적어도 윈스턴의 입에서 상상조차 할 수 없을 정도로 놀라운 이유가 튀어나올 줄 알았다. 하지만 윈스턴의 대답에 리사는 실망하지 않을 수 없었다.

"실은 더 늦기 전에 아프리카에 꼭 한 번 가보고 싶었거든."

리사는 분통을 터뜨리지 않을 수 없었다.

"당신 정말 제정신이 아니군요! 당장 취소해요! 지금 당장!"

"미안하지만 이미 늦었어. 오늘 밤 케이프타운으로 떠나는 화물선에 자리를 예약해놓았거든."

"그래도 취소해요!"

리사가 빽 소리를 지르자 윈스턴이 입을 다물었다. 클레멘타인도 눈물을 글썽이며 애원했다.

"당신을 구속하고 싶은 생각은 없어요. 하지만 오늘만은 떠나지 말아줘요. 당신이 이렇게 떠나버리면 나는 도저히 이 저택에서 견딜 수 없을 것 같아요."

"오…… 클레멘타인!"

윈스턴이 불안에 떨고 있는 클레멘타인의 손을 잡아주었다. 그의 따뜻한 체온을 느끼며 그녀의 떨림도 조금은 잦아드는 것 같았다. 바로 그 순간 윈스턴이 그녀의 귀에 대고 속삭였다.

"당신에겐 정말 미안해. 하지만 지금 떠나지 않으면 나는 평생을 후회 속에서 살아갈지도 몰라. 당신도 그걸 원하지는 않겠지, 응?"

"당신, 정말 떠날 생각이군요……?"

"정말 미안해, 클레멘타인! 최대한 빨리 돌아올 테니까 꼭 우리 집에서 기다려줘!"

윈스턴이 방문을 열어젖히고 줄행랑을 쳤다. 클레멘타인은 쫓아갈 생각도 못하고 다리가 풀린 듯 털썩 주저앉아버렸다. 리사가 대신 윈스턴을 쫓아갔다.

"이 무책임한 인간아! 당장 거기 안 서?"

윈스턴과 리사가 함께 사라진 후, 클레멘타인은 한참동안 멍하니 주저앉아 있었다. 두 손으로 조심스럽게 들고 있던 예쁜 꽃병을 실수로 떨어뜨려 산산조각 내버린 듯한 기분이었다. 안타까운 마음에 클레멘타인이 가슴을 쥐어뜯으며 눈물을 뚝뚝 흘렸다.

"그의 잘못이 아니야…… 모든 게 나의 잘못이야……."

"그렇고말고!"

싸늘한 목소리에 클레멘타인이 눈물범벅의 얼굴을 쳐들었다. 그녀 앞에 제니 부인이 얼음장 같은 얼굴로 서 있었다. 제니 부인이 클레멘타인을 향해 허리를 구부리며 잔인하게 미소 지었다.

"너 같은 아이에게 싫증을 내지 않는다면 우리 아들이 아니지. 너는 이미 버림받았다는 뜻이란다, 멍청한 아가씨야."

"아아……!"

클레멘타인의 얼굴이 절망으로 일그러졌다.

윈스턴을 쫓던 리사는 런던 변두리의 세인트캐서린 항구까지 가고 말았다. 마차를 두 번이나 갈아타는 동안 리사는 부질없는 추격전을 그만둘까도 생각했다. 하지만 눈물을 흘리며 주저앉는 클레멘타인의 모습이 떠올라 멈출 수가 없었다. 리사가 두 번째로 갈아탄 마차에서 내렸을 때는 여름해가 이미 템즈강의 수평선 너머로 기울고 있었다.

"이 인간이 대체 어디로 도망쳤지?"

어부들과 여행객들로 북적이는 항구를 둘러보던 리사의 눈에 저쪽 커다란 화물선에 오르는 윈스턴의 모습이 보였다. 리사가 윈스턴에게 손짓하며 화물선을 향해 달려갔다.

"윈스턴! 당장 내려오지 못해?"

막 트랩을 치우려는 선원들을 밀치고 리사도 화물선에 올라탔다.

부우우우-!

동시에 화물선이 경적을 길게 울리며 서서히 항구를 빠져나가기 시작했다. 운동장처럼 넓은 갑판을 헤맨 끝에 리사는 뱃전에 서서 선홍빛으로 물든 풍경을 감상하고 있는 윈스턴을 발견할 수 있었다. 흡족한 그의 얼굴을 보자 리사는 울컥 화가 치밀었다.

"한가하게 노을이나 감상하고 있을 때예요?"

철썩!

"으악!"

리사가 등짝을 후려치자 윈스턴이 비명을 지르며 돌아섰다. 성난 리사의 얼굴을 발견한 윈스턴의 눈이 휘둥그레졌다.

"리사! 네가 어떻게 여기에 있어?"

"그걸 몰라서 물어요? 당신을 쫓아왔잖아요!"

"나를 쫓아서 이 배에까지 올라탔단 말이니?"

"그래요."

윈스턴이 기가 막힌 듯이 중얼거렸다.

"이 배는 남아프리카의 케이프타운까지 직항하는 배야. 중간에 내릴 곳은 어디에도 없다고."

"끄아악! 당장 내려줘요! 지금 당장!"

"켁켁! 나로서도 방법이 없어!"

리사가 윈스턴을 멱살을 잡고 마구 흔들었다. 그러는 사이에도 배는 지중해를 가로질러 아프리카를 향해 유유히 항진하고 있었다.

5
보어전쟁

　아프리카에 한창 식민지를 개척 중이던 영국은 케이프 식민기지를 건설하고, 남아프리카 전역으로 세력을 확장했다. 당시 남아프리카 북방에는 네덜란드인의 자손인 보어인들이 건설한 트란스발공화국과 오렌지자유국이 존재했는데 처음 식민지를 건설할 때까지만 해도 영국은 이 두 공화국과 우호적인 관계를 유지했다. 하지만 트란스발에서 대규모 금광이 발견되고, 오렌지자유국에서 다이아몬드광산이 발견되자 상황은 급변했다. 욕심이 생긴 영국이 이 지역을 차지하기 위해 트란스발 지역에 많은 영국인을 이주시키기 시작한 것이다. 결국 영국인들과 보어인들 사이에 금광의 이권을 두고 마찰이 생겼고, 영국과 트란스발공화국 사이에 전쟁이 벌어졌다.
　전쟁 초기에는 막강한 화력을 앞세운 영국군이 유리했다. 하지만 영국군이 트란스발의 대부분 지역을 점령하고 합병을 선언하자 위협을 느낀 오렌지자유국이 전쟁에 참여하면서 흐름이 바뀌었다. 연합 보어군은 2년 동안 게릴라전을 전개해 트란스발공화국의 대부분을 다시 해방시키고, 영국령까지 진격해 들어가고 있었다.

전선이 위험해지고 있을 무렵, 윈스턴과 리사가 영국군 진영에 도착했다. 아프리카의 더위에 지칠 대로 지친 윈스턴과 리사가 질린 눈으로 막사 근처에 아무렇게나 쓰러져 신음 중인 부상병들을 둘러보았다.

"아군이 패전을 거듭하고 있다는 소문이 사실이었군."

"저 사람 좀 봐요. 저렇게 다쳤는데, 치료조차 못 받고 있어요."

"부상병이 넘쳐나서 군의관들도 어쩔 수 없는 거지."

"우리 최대한 빨리 이곳을 떠나요."

"여기까지 왔는데 그럴 수야 없지."

"윈스턴! 윈스턴!"

자신을 부르는 리사를 무시하고 윈스턴이 유독 큼직한 막사 안으로 들어갔다. 막사 안에서는 꼬장꼬장한 인상의 노장군과 대여섯 명의 장교들이 지도를 펼쳐놓고 회의중이었다. 막사 안으로 불쑥 들어온 윈스턴과 리사를 발견한 장군의 미간이 씰룩했다.

"자네들은 누구인가?"

윈스턴이 장군에게 다가가 악수를 청했다.

"안녕하십니까, 콜리 장군님? 모닝포스트지의 종군기자 윈스턴 처칠이라고 합니다."

"흐음······."

장군이 윈스턴이 내민 손을 무시한 채 얼굴을 빤히 보았다. 윈스턴이 손을 거두며 쑥스럽게 미소 지었다.

"런던에서 장군님에 대한 소문은 많이 들었습니다. 영국군을 대표하는 맹장이시라고요."

"나도 자네에 대한 이야기를 들었네. 재무장관까지 지낸 랜돌프 경의 아들이지만 사관학교의 성적은 꼴찌였고, 쿠바 전선에선 상관들의 눈 밖에 나 이곳에 장교로 오지 못하고 기자로 지원했다지?"

노골적인 적대감을 드러내는 장군을 리사가 긴장된 눈으로 보았다. 하지만 이 정도로 위축될 윈스턴이 아니었다.

"장군님께서 저에 대해 많은 걸 알고 계시는군요. 왠지 장군님과는 좋은 시간을 보내게 될 것 같습니다."

"미안하지만 나는 자네와 별로 좋게 지낼 수가 없을 것 같네."

"그, 그렇습니까?"

뒤통수를 긁적이는 윈스턴을 향해 장군이 싸늘히 말했다.

"어쨌든 종군기자로 왔다니 사진을 몇 장 찍어서 돌아가야겠지. 막사를 하나 내줄 테니 하녀 아이와 지내도록 하게. 단, 전투에 따라 나갈 때는 안전을 장담할 수가 없네. 자네도 이곳 상황이 심상치 않다는 소문쯤은 듣고 왔겠지?"

콜리 장군은 리사를 윈스턴의 하녀쯤으로 생각하는 눈치였다. 전쟁터에 하녀까지 데려온 윈스턴이 더욱 마뜩찮게 보였을 것이다. 윈스턴은 변명할 생각도 하지 않고 주먹으로 가슴을 쿵쿵 두드렸다.

"저희들의 안전은 스스로 지킬 테니 아무 걱정 마십시오."

장군의 입가에 비웃음이 스쳤다.

"부디 그러기를 바라네."

쾅! 콰쾅!

"꺄아악!"

사방에서 포탄이 작렬하자 리사는 두 손으로 귀를 틀어막고 비명을 질렀다. 영국군 진영에 도착하고 꼭 사흘째가 되는 오늘 아침, 윈스턴과 리사는 영국군 소대를 따라나섰다. 사자 떼가 나무그늘 아래서 하품하고 임팔라 떼가 한가롭게 풀을 뜯는 초원을 지나 깎아지는 듯한 계곡 사이로 접어들었을 때, 총알 세례가 퍼부어졌다. 영국군을 괴롭히는 연합보어군 게릴라들의 기습이 시작된 것이다.

"와아아아!"

영국 병사들은 가파른 계곡을 기어오르며 용맹하게 돌격했다. 하지만 바위 사이에 숨은 게릴라들의 공격에 차례로 쓰러졌다. 전세가 불리하게 돌아가자 리사는 주변을 두리번거리며 윈스턴을 찾았다.

"윈스턴! 어디에 있어요?"

윈스턴은 쓰러지는 병사들 사이를 누비며 열심히 카메라 셔터를 눌러대고 있었다. 머리 위로 총알이 지나가는데도 개의치 않고 그는 마

5

치 놀이터를 누비는 소년처럼 신바람이 나 있었다.

"설마 총알이 자기를 피해간다고 믿는 거야?"

리사가 허리를 숙인 채 윈스턴에게 달려가 팔을 붙잡았다.

"그만 찍고 가요! 이러다 죽는다고요!"

"조금만! 조금만 더 찍고 가자, 응?"

콰아앙!

"으악!"

"꺄악!"

엄청난 폭발음과 함께 윈스턴과 리사가 비명을 지르며 붕 날아갔다. 한참을 날아가던 리사가 땅바닥에 세차게 등을 처박았다. 리사의 눈에 하늘이 빙글빙글 회전하는 게 보였다. 리사는 자신이 곧 죽을 것이라고 생각하며 천천히 눈을 감았다.

"윈스턴 때문에 낯선 아프리카 땅에서 죽게 되는구나……."

"리사! 리사!"

"허억!"

누군가 자신의 뺨을 계속 때리자 리사가 눈을 번쩍 떴다. 한동안 정신이 돌아오자 않아 눈을 껌뻑껌뻑하던 리사의 눈에 누군가의 얼굴 윤곽이 흐릿하게 보였다.

"휴우…… 다행히 눈을 떴구나."

자신을 걱정스럽게 내려다보는 사람이 윈스턴임을 알아차린 리사가 벌떡 상체를 일으켰다.

"어떻게 된 거예요? 우리가 아직 살아 있나요?"

쿵!

"어이쿠!"

리사와 이마를 부딪친 윈스턴이 벌러덩 넘어갔다.

"그런데 이곳은……?"

주위를 둘러보던 리사의 눈이 커다랗게 변했다. 리사는 나무를 얼기설기 엮어 만든 꼭 닭장처럼 생긴 감옥 안에 갇혀 있었다. 이마와 팔에 피 묻은 붕대를 칭칭 동여맨 영국군 부상병들과 함께였다.

"포로가 되었구나!"

리사가 질린 듯 중얼거릴 때, 윈스턴이 불룩한 혹을 어루만지며 일어나 앉았다.

"그래, 우리는 보어군의 포로가 되었어."

리사와 윈스턴을 비롯한 영국군 포로들들은 아프리카의 강렬한 햇빛조차 잘 스며들지 않는 정글 한복판에 갇혔다. 지저분한 외투 차림에 캡을 눌러쓰고, 구식 소총을 쥔 네덜란드계 백인 보어인들이 주변을 삼엄하게 지키고 있었다. 모두 지치고 피곤한 얼굴들이었지만 눈빛만은 영국인에 대한 적개심으로 빛을 발했다. 그들의 눈빛이 두려워 리사는 부르르 진저리를 쳤다.

눈치 없는 윈스턴이 리사에게 바싹 붙어 앉으며 씨익 웃었다.

"아프리카로 오면서 보어인들을 꼭 한번 만나고 싶었는데, 이렇게

금방 기회가 찾아올 줄은 몰랐어."

"지금이 한가하게 그런 소리나 할 때예요?"

발끈한 리사가 윈스턴의 멱살을 잡았다.

"우리는 언제 처형당할지 모르는 신세라고요!"

"켁켁! 리사, 제발 이것 좀 놓고……."

갑작스런 소란에 보어인들이 다가와 총구를 겨누었다.

"거기 뭐야?"

"조용히 하지 못해?"

겁을 집어먹은 리사가 윈스턴에게서 떨어졌다.

"쏘, 쏘지 마세요!"

윈스턴이 목을 어루만지며 보어인들을 향해 씨익 웃었다.

"당신들의 대장을 만나고 싶소."

"우리 대장님은 영국군 포로는 만나지 않으신다."

"나는 영국군이 아니오."

"그럼 보어군이냐?"

키득거리는 보어인들을 보며 윈스턴이 진지하게 말했다.

"나는 영국 모닝포스트지의 종군기자요."

"종군기자? 그러니까 신문기자란 말이지?"

"그렇소."

"우리한텐 영국인은 모두 똑같아. 우리 땅과 우리 보석을 노리는 도적놈들!"

5

"내가 당신들의 억울한 사연을 영국인들에게 알려줄 수 있소."

"뭐라고……?"

"대부분의 영국인들이 보어전쟁의 전말을 모르고 있어요. 내가 당신들 대장과 인터뷰해서 본국에 사정을 알린다면 양심 있는 많은 영국인들이 전쟁을 반대하게 될 거요."

보어인들이 황당한 눈으로 서로의 얼굴을 마주보았다.

"저 작자가 대체 뭐라고 지껄이는 거야?"

"대장님께 보고는 해야 할 것 같은데."

잠시 후, 건장한 체격에 턱수염을 덥수룩하게 기른 보어인이 나타났다. 그는 부리부리한 눈으로 윈스턴을 노려보았다.

"나는 보어군 제12 게릴라대의 대장 반야크라고 한다. 네가 모닝포스트의 종군기자인 윈스턴 처칠이란 작자냐?"

"그렇습니다."

"네가 우리 보어인들의 주장을 영국에 전달할 수 있다고?"

"물론입니다."

"으음……."

윈스턴을 쏘아보던 반야크가 고개를 천천히 흔들었다.

"나는 영국인들을 믿지 않아. 너를 풀어주면 도망쳐서 우리 보어인들이 선량한 영국 이민자들을 살해하는 야만인이라고 떠들겠지."

"나는 그렇게 비겁한 남자가 아니오!"

"모든 영국인들은 비겁해!"

"하지만!"

"쏴버리기 전에 닥쳐!"

"……"

반야크가 권총을 뽑아 겨누자 윈스턴도 입을 다물 수밖에 없었다. 한동안 씩씩대던 반야크가 권총을 집어넣으며 다시 말을 이었다.

"너를 믿지는 않지만 영국인들이 우리에게 저지른 만행은 보여주도록 하지. 다른 누구도 아닌 너 자신이 부끄러움을 느낄 수 있도록!"

닭장 같은 감옥에서 윈스턴과 리사를 끌어낸 반야크가 두 사람을 정글 깊숙한 곳으로 끌고 갔다.

"으악! 저, 저거 악어잖아!"

악어가 득실거리는 늪지대를 가로지르며 리사는 비명을 질렀다. 한밤중에는 사자 떼와 마주쳤고 새벽녘에는 하이에나 떼에게 쫓기며 윈스턴과 리사는 천신만고 끝에 목적지에 도착했다.

그곳은 정글 한복판에 건설된 도시였다. 아니, 예전에 도시라고 불렸을 법한 폐허였다. 수백 채의 주택들과 상가, 관공서들이 새까맣게 그을린 채 허물어진 상태였다. 그 사이사이에 수많은 시체들이 아무렇게나 뒹굴었다.

지옥 같은 풍경을 둘러보며 윈스턴과 리사는 경악했다.

"맙소사……!"

"대체 누가 이런 끔찍한 만행을……?"

반야크가 두 사람 옆에 서서 냉랭하게 물었다.

5

"이곳이 어디인지 알겠나?"

"그, 글쎄요?"

"이곳이 바로 얼마 전까지 트란스발공화국의 중심도시였던 요하네스버그다."

"설마 이 폐허가……?"

"요하네스버그는 3만 명의 시민들이 평화롭게 살고 있는 도시였다. 그런데 황금에 눈이 뒤집힌 영국 군대가 쳐들어와 남자들은 물론 아이들과 여자들까지 죽이고 도시를 잿더미로 만들어버렸지. 그건 전쟁이 아니라 살육이었어."

"이럴 수가……! 자긍심으로 똘똘 뭉친 대영제국 군대가 이렇게 비열한 짓을 저지르다니!"

"흥! 자긍심이라고? 지금 이 시간에도 영국군은 우리 영토 곳곳에서 살인과 약탈을 일삼고 있어. 우린 최후의 한 사람이 남을 때까지 영국인들을 반드시 이 땅에서 몰아내고 말 것이다."

"……!"

윈스턴이 입을 꾹 다문 채 참혹한 도시의 전경을 뚫어져라 응시했다. 그가 반야크를 향해 돌아서며 격정적으로 외쳤다.

"날 보내주십시오! 이 추악한 만행을 반드시 본국에 알려 전쟁을 멈추도록 하겠습니다!"

"헛소리! 너도 영국인이 아닌가?"

"나는 긍지를 아는 영국인이오! 위기를 모면하기 위해 거짓말을 하지는 않습니다!"

"닥치라고 했다!"

퍼억!

"크흑!"

반야크가 총의 개머리판으로 콧잔등을 때리자 윈스턴이 코피를 쏟으며 거꾸러졌다. 리사가 재빨리 윈스턴을 부축했다.

"윈스턴, 괜찮아요?"

"부대로 돌아간다!"

"옙!"

윈스턴과 리사는 다시 닭장 같은 감옥에 갇혔다. 그날 밤 늦게까지 윈스턴은 잠들지 못하고 뒤척였다. 리사가 콧잔등이 퉁퉁 부은 윈스턴을 보며 한숨을 푹 쉬었다.

"그러게 왜 괜한 소리를 해서 매를 벌어요?"

"나는 진심이었어."

"당신이 거짓말쟁이가 아니라는 것쯤은 알아요. 문제는 저 사람들이 그걸 몰라준다는 거죠."

"으음……."

미간을 찌푸린 채 신음을 흘리던 윈스턴이 입을 열었다.

"보내주지 않겠다면 내 발로 걸어 나가서라도 알려야겠어."

"그래요. 차라리 그냥 걸어서 나가는 게……."

아무 생각 없이 중얼거리던 리사가 눈을 번쩍 떴다.

5

"뭐, 뭘 어떻게 한다고요?"

"나의 조국이 이 부도덕한 전쟁을 계속하는 걸 용납할 수가 없어. 어떻게든 탈출해서 이 전쟁의 부도덕성을 본국 국민들에게 알리고야 말겠어."

삼엄하게 눈을 번뜩이는 보어인 감시병들을 힐끔거리며 리사가 목소리를 낮추었다.

"저 많은 감시병들을 따돌릴 수 있을 것 같아요? 운 좋게 탈출한다 해도 정글을 빠져나가기 전에 맹수의 밥이 되고 말 거라고요."

"그래도 해야만 해."

"윈스턴!"

"날 믿어줘, 리사. 나는 늘 행운이 따라다니는 남자라고 말했잖아."

"당신이란 남자는 정말이지……."

윈스턴이 결코 고집을 꺾지 않을 것임을 깨닫고 리사가 고개를 설레설레 흔들었다.

새벽까지 손톱이 빠지도록 땅을 긁어낸 윈스턴과 리사는 닭장 같은 감옥 밖으로 기어 나오는 데 성공했다. 방심한 감시병을 한주먹에 때려눕힌 윈스턴이 나무에 묶여 있던 전령의 말에 올라탔다.

"탈옥이다!"

"잡아라!"

탕! 타탕!

놀란 말이 울부짖는 소리를 듣고 경비병들이 달려왔다. 윈스턴이 박차를 가하며 리사를 향해 팔을 내밀었다.

"리사, 서둘러!"

"으아아!"

리사가 아슬아슬하게 윈스턴의 손을 잡고 말안장에 올라탔다. 빗발치는 총알을 뚫고 윈스턴이 정글 깊숙한 곳으로 말을 달렸다.

"끼럇! 끼럇!"

날이 완전히 밝을 무렵, 윈스턴과 리사는 보어군 진영에서 제법 멀리까지 도망칠 수 있었다. 윈스턴이 리사를 돌아보며 기분 좋게 웃었다.

"어때, 리사? 이래도 내가 행운을 몰고 다니는 남자란 사실을 인정하지 않을래?"

"윈스턴, 앞을 봐요!"

"뭐, 뭐라고?"

철퍼덕!

히히힝~

힘차게 달리던 말이 보기 좋게 고꾸라졌다. 정글 한복판의 늪에 빠져버린 것이다. 리사가 몸부림을 쳤다.

"으아아! 사, 살려줘!"

윈스턴도 당황하는 기색이 역력했다.

"우린 늪에 빠졌어! 몸부림칠수록 점점 깊이 빠지니까 얌전히 있어!"

5

"늪이라고요? 맙소사, 이젠 꼼짝없이 죽었구나!"

"절망하지 마. 절망하지만 않으면 희망은 언제든 살아 있는 법이야."

"또 그놈의 희망 타령! 그것 때문에 우리가 지금 늪 속에 있는 거라고요!"

티격태격하는 사이에도 두 사람의 몸은 점점 더 깊숙이 빨려 들어가고 있었다. 마침내 두 사람은 간신히 목만 내놓은 상태가 되었다.

"켁켁……!"

공포에 질려 숨을 헐떡이는 리사를 향해 윈스턴이 다급히 말했다.

"리사, 도와줄 테니까 내 어깨를 밟고 위로 올라가."

"뭐, 뭐라고요?"

"저 나무 위에서 내려온 넝쿨이 보이지? 저걸 잡고 나무 위로 기어오르란 말이야."

"제정신이에요? 내가 올라가면 당신의 얼굴까지 늪 속에 잠기게 될 거라고요."

"1, 2분 정도는 버틸 수 있을 거야. 그 사이에 네가 넝쿨을 내려주면 나도 살 수 있어."

"너무 무모해요!"

"이렇게 가만히 앉아서 죽음을 기다리느니……."

"무모해도 희망의 끈을 붙잡는 게 낫다고요?"

"리사도 이제 나의 인생철학을 배우게 된 것 같군."

리사가 억지로 웃는 윈스턴의 얼굴을 흔들리는 눈으로 바라보았다.

이런 상황에서도 웃을 수 있는 그가 대담해 보이기도 하고, 괴짜로 보이기도 했다.

"좋아요. 한번 해봐요."

"자, 그럼 내가 너를 끌어당길게."

윈스턴이 리사를 자신 쪽으로 힘껏 당겼다. 리사가 힘겹게 발을 움직여 윈스턴의 가슴을 짚었다. 그리고 등산을 하듯 그의 몸 위로 천천히 기어 올라갔다. 간단한 동작이었지만 그것만으로도 꽤 긴 시간이 걸렸다. 리사가 위로 올라갈수록 윈스턴은 조금씩 늪에 잠겨들었다.

"크흡!"

마침내 윈스턴의 얼굴까지 늪 속으로 사라졌다. 동시에 리사는 기적적으로 윈스턴의 어깨를 두 발로 짚고 설 수 있었다. 리사가 팔을 뻗어 머리 위에서 흔들리는 넝쿨을 잡으려고 했다. 그러나 꼭 한 뼘 정도가 부족했다.

"아아…… 이젠 정말 끝장이야!"

리사가 질린 눈으로 아래쪽을 내려다보았다. 윈스턴의 얼굴은 늪에 잠겨 보이지 않았다. 리사는 무엇을 어떻게 해야 좋을지 갈피를 잡을 수가 없었다. 이대로 몇 초만 흘러도 윈스턴은 이 세상 사람이 아닐 것이다. 순간 리사의 귀에 윈스턴의 웃음소리가 들리는 듯했다.

"리사, 걱정하지 말고 너 자신의 행운을 믿으라고!"

동시에 리사가 이를 질끈 깨물며 힘껏 도약했다.

콰악!

리사의 손이 아슬아슬하게 넝쿨을 움켜잡았다. 초인적인 힘을 발휘한 리사가 넝쿨을 붙잡고 나뭇가지 위로 기어올랐다.

"헉…… 허억……! 윈스턴, 이 넝쿨을 잡아요!"

나뭇가지에 걸터앉아 숨을 헐떡이던 리사가 늪 위로 뻗쳐 나와 있는 윈스턴의 손을 향해 넝쿨을 던져주었다. 천만다행으로 아직 의식이 남아 있던 윈스턴이 그것을 붙잡았다.

"끙차!"

리사가 허리를 눕히며 사력을 다해 넝쿨을 당겼다. 한참을 힘을 쓴 끝에 윈스턴의 얼굴이 마침내 늪 밖으로 빠져나왔다. 얼굴이 온통 진흙으로 덮인 윈스턴이 깊은 숨을 토해내는 것을 보며 리사는 참았던 눈물을 터뜨렸다.

"후우우……."

"우, 우린 이제 살았어요!"

늪에서 기적적으로 살아났지만 윈스턴과 리사의 고생이 끝난 것은 아니었다. 그 후로도 두 사람은 한 달 가까이 정글을 헤맸다. 강을 건너다 거대한 뱀의 습격을 받기도 하고, 초원을 가로지르다 코끼리에게 밟힐 뻔하기도 했다. 천신만고 끝에 두 사람은 영국군 진지로 돌아올 수 있었다.

윈스턴과 리사가 아프리카에서 고통스런 시간을 보내는 동안 클레멘타인도 런던의 저택에서 힘든 시간을 보내고 있었다. 클레멘타인을 괴롭히고 있는 사람은 바로 윈스턴의 어머니 제니 부인이었다. 그날 아침에도 클레멘타인은 기다란 대리석 식탁에 앉아 제니 부인과 불편한 아침식사 중이었다. 제니 부인의 불편한 시선을 느끼면서 클레멘타인은 고개를 푹 숙인 채 아침으로 나온 콩 스튜와 연어샐러드를 꾸역꾸역 밀어 넣었다.

"클레멘타인 양."

"예…… 예?"

제니 부인의 싸늘한 부름에 클레멘타인이 흠칫 고개를 들었다. 제니 부인이 더 이상 차가울 수 없는 눈으로 클레멘타인을 보았다.

"클레멘타인 양은 언제까지 우리 집에 머물 생각이죠?"

"그, 그게 윈스턴이 자신이 돌아올 때까지 이 저택에서 기다려달라고 했기 때문에……."

"설마 그 말을 진심으로 믿는 건 아니겠죠?"

"예?"

클레멘타인이 눈을 동그랗게 뜨고 비웃음을 흘리는 제니 부인의 얼굴을 쳐다보았다.

"남자들은 여자와 헤어질 때 보통 그렇게 말해요. 나는 반드시 돌아올 테니 기다려달라고. 그런데 그중에 진짜로 돌아오는 남자가 몇 명이나 될까요?"

"윈스턴이 저와 헤어지길 원한다는 뜻인가요?"

제니 부인이 메이드가 따라준 차를 홀짝이며 씨익 웃었다.

5

"그게 아니라면 약혼식 전날 전쟁터로 떠날 까닭이 없잖아요?"

"으음……."

클레멘타인이 눈물을 참으려고 입술을 지그시 깨물었다. 제니 부인의 독설에도 불구하고 클레멘타인은 윈스턴을 믿었다. 그는 충동을 못 이겨서 약혼식을 앞두고 떠났을 뿐, 사랑이 사라지지는 않았으리라 믿었다. 그럼에도 클레멘타인은 이 저택에서 더 이상 버티기 힘들었다. 제니 부인의 지독한 적의가 매일매일 그녀의 목을 졸랐다. 그렇다고 떠날 수도 없었다. 윈스턴은 분명 이 저택에서 자신을 기다려달라고 부탁했던 것이다.

클레멘타인이 다시 고개를 푹 숙이며 중얼거렸다.

"죄송하지만 윈스턴이 돌아올 때까지 조금만 더 머물게 해주세요."

제니 부인의 눈썹이 하늘로 향했다.

"정말로 말귀를 못 알아듣는 아가씨로군. 좋아, 더 지독한 꼴을 당하고 싶다면 그렇게 해주지."

자리를 박차고 일어서서 식당을 빠져나가는 제니 부인의 뒷모습을 클레멘타인이 서글프게 바라보았다.

다음 날 저녁, 저택에서 갑작스럽게 파티가 열렸다. 런던에서도 유명한 가문의 여주인인 제니 부인이 주최하는 파티에 많은 귀족 아가씨들과 청년들이 참여하겠다는 소식을 전해왔다. 집사가 클레멘타인의 방으로 와서 그녀에게도 파티에 참석하라는 부인의 말을 전했다.

"하지만 저는 드레스조차 없는걸요."

"그럴 줄 알고 부인께서 파티복을 보내셨습니다."

집사가 손뼉을 짝짝 마주치자 롱드레스를 받쳐 든 하녀가 들어왔다. 하녀로부터 드레스를 건네받으며 클레멘타인이 반갑게 미소 지었다.

"어머, 고맙기도 하셔라. 그, 그런데 이것은……."

하지만 드레스를 펼쳐본 클레멘타인의 표정이 급격히 어두워졌다. 그것은 파티복이라고 부르기엔 너무도 민망한 옷이었다. 목 부분이 너무 깊이 파여 가슴골까지 훤히 드러났고, 드레스 전체에 반짝이가 붙어 있어 꼭 무희들이 입는 옷처럼 보였다.

클레멘타인이 황당한 눈으로 집사를 보았다.

"이, 이걸 입고 파티에 참석하라고요?"

"예, 부인께서 분명 그렇게 말씀하셨습니다."

"하지만 이 옷은 너무 야한걸요."

"설마 부인의 성의를 무시하시는 겁니까?"

"!"

집사가 미간을 찌푸리자 클레멘타인은 움찔했다. 그녀가 황급히 고개를 가로저었다.

"아, 아니에요. 잘 입겠다고 전해주세요."

"그럼 늦지 않게 내려오시길 바랍니다."

6
스물여섯 살의 국회의원

계단을 밟고 내려가며 클레멘타인은 널찍한 파티장을 가득 메운 채 즐겁게 대화를 나누던 귀족 아가씨들과 청년들의 시선이 일제히 자신에게 집중되는 것을 느꼈다. 손바닥으로 입을 가리고 웃음을 참는 몇몇 아가씨들의 모습도 보였다. 클레멘타인은 새삼 자신의 우스꽝스런 몰골을 내려다보았다. 가슴골을 훤히 드러낸 반짝이 드레스를 입은 모습은 딱 클럽의 무희였던 것이다.

파티장의 웃음소리가 점점 높아지는 가운데 제니 부인이 계단 앞에 나타났다.

"클레멘타인 양, 어서 내려오지 않고 뭐하고 있나요?"

"예? 아, 예."

클레멘타인이 후들후들 떨리는 다리를 움직여 간신히 계단을 밟고 내려갔다. 예쁘고 멋지게 차려 입은 아가씨들과 청년들이 마치 동물원의 원숭이를 구경하듯 클레멘타인을 빙 에워쌌다. 제니 부인이 클레멘타인을 가리키며 손님들을 향해 우아하게 미소 지었다.

"여러분, 소개할게요. 우리 아들 윈스턴의 약혼녀인 클레멘타인 호지어 양입니다."

동시에 아가씨들이 눈에 띄게 동요하기 시작했다.

"윈스턴의 약혼녀라고?"

"저 천박하게 차려 입은 여자가?"

"맙소사…… 이건 말도 안 돼!"

제니 부인의 한 마디는 즉각적인 효과를 발휘했다. 그때부터 파티장에 내던져진 클레멘타인은 질투심에 사로잡힌 귀족 아가씨들의 먹잇감이 되었다. 그녀들은 클레멘타인을 노골적으로 비웃었다. 청년들은 샴페인을 마시며 클레멘타인이 당하는 모습을 유희처럼 즐겼다. 채 한 시간이 지나기도 전에 클레멘타인은 완전히 녹초가 되어버렸다. 너무 많은 모욕을 당해 배가 부를 지경이었다. 그녀는 최대한 빨리 이 정글 같은 파티장을 떠나고 싶었다. 하지만 클레멘타인이 떠나려고 할 때마다 제니 부인이 나타나 발목을 잡았다.

"클레멘타인 양, 설마 벌써 떠나려는 건 아니겠지요? 모처럼 내가 주최한 파티이니 좀 더 즐기도록 해요."

"예…… 예!"

제니 부인은 이번 기회에 클레멘타인에게 확실히 알려주고 싶어 하는 것 같았다. 그녀 따위는 결코 자신의 아들과 맺어질 수 없는 신분이란 사실을. 그래도 클레멘타인은 이를 악물고 참았다. 더 이상 제니 부인의 심기를 건드리고 싶지 않았기 때문이다. 그런데 파티의 분위기가 무르익어갈 무렵, 클레멘타인으로서도 도저히 참을 수 없는 사건이 터지고 말았다.

손님들 사이에 섞이지 못하고 우두커니 서 있는 클레멘타인에게 웬 예쁘장하게 생긴 아가씨가 다가와 말을 걸었다.

"클레멘타인 양이죠?"

"아, 예."

"만나서 반가워요. 저는 윈스턴의 사촌인 캐서린이라고 해요."

"아, 그렇군요. 저도 반가워요."

아가씨가 내민 손을 클레멘타인이 반갑게 잡았다. 클레멘타인은 자신에게 친절하게 말을 걸어준 캐서린이 너무 반가웠다. 게다가 그녀는 윈스턴의 사촌이라고 하지 않는가. 클레멘타인과 소소한 잡담을 나누던 캐서린이 문득 자신의 지갑을 내밀었다.

"미안하지만 이 지갑 좀 맡아줄래요? 잠시 화장실에 다녀올게요."

"예, 그럴게요."

손님들 사이로 멀어지는 캐서린의 뒷모습을 지켜보며 클레멘타인은 그녀가 참 발랄한 아가씨라고 생각했다. 그런데 바로 그때 손님들 사이에서 날카로운 비명이 울려 퍼졌다.

"꺄아악! 누군가 내 지갑을 훔쳐갔어요!"

파티장은 순식간에 혼란에 빠졌다. 집사와 하인들이 달려오고, 귀부인들과 점잖게 대화를 나누던 제니 부인까지 나타났다. 제니 부인이 파티장 한복판에서 발을 동동 구르는 아가씨를 향해 물었다.

"로저 양, 파티장에서 지갑을 잃어버린 게 확실해요?"

아가씨가 주변의 몇몇 친구들을 가리키며 울먹였다.

"예, 친구들과 춤을 추고 있었는데 어느 샌가 팔목에 차고 있던 손지갑이 사라졌어요. 그 안에 아빠한테 선물 받은 값비싼 다이아반지가 들었는데 어쩌면 좋죠?"

"흐음…… 그렇다면 파티장에서 없어진 게 확실하다는 얘긴데……."

제니 부인이 주위를 빙 에워싼 손님들을 향해 외쳤다.

"혹시 로저 양의 지갑을 본 분은 없나요? 바닥에 떨어진 지갑을 주웠다면 지금 손을 들어주세요!"

"……"

누구도 손을 드는 사람은 없었다. 제니 부인이 한숨을 푹 내쉬며 고개를 흔들었다.

"파티 분위기를 깨고 싶지는 않지만 이렇게 된 이상 모든 손님들의 소지품 검사를 할 수밖에 없겠군요. 클레멘타인 양, 이쪽으로 와서 날 좀 도와주겠어요?"

"알겠습니다."

제니 부인이 자신을 부르자, 클레멘타인이 그녀를 향해 다가갔다.

순간 지갑을 잃어버린 아가씨가 클레멘타인을 가리키며 소리쳤다.

"아앗! 저기 내 지갑이 있어요!"

"뭐라고요?"

제니 부인과 손님들의 시선이 일제히 클레멘타인에게 집중되었다. 클레멘타인이 당황스런 표정으로 말했다.

"네? 무슨 말씀이신지……."

아가씨가 클레멘타인이 들고 있는 지갑을 가리켰다.

"그 지갑 당신 거 아니죠?"

클레멘타인이 지갑을 들어 보이며 당당하게 대답했다.

"물론 내 것이 아니에요. 방금 화장실에 간 윈스턴의 사촌 캐서린 양이 잠시 맡긴 것이니까요."

"말도 안 돼요. 그 지갑은 내 거라고요."

"무언가 착오가 있었겠죠. 이 지갑은 분명 캐서린 양의 것이에요."

제니 부인이 손을 뻗어 두 아가씨의 언쟁을 중단시켰다.

"자자, 일단 진정들 해요."

제니 부인이 클레멘타인과 아가씨를 번갈아 보며 다짐을 받았다.

"그러니까 클레멘타인 양은 이 지갑이 캐서린이 맡긴 거라고 주장하는 거죠?"

"그렇습니다."

"로저 양은 이 지갑이 자신의 것이라는 주장이고요?"

"예."

"좋아요. 그럼 일단 지갑의 내용물부터 살펴보죠. 로저 양은 지갑 안에 다이아반지가 들어 있다고 말했었죠?"

"그래요."

아가씨가 자신만만하게 고개를 끄덕이자 클레멘타인은 살짝 불안해졌다. 하지만 여전히 아가씨가 착각하고 있다고 굳게 믿는 클레멘타인은 망설임 없이 지갑을 열고 내용물을 끄집어냈다.

"아아……!"

순간 클레멘타인의 입술 사이로 절망적인 신음이 새어나왔다. 그녀의 손바닥 위에 지갑에서 나온 다이아반지가 툭 떨어졌기 때문이다.

"……."

파티장 전체가 쥐죽은 듯 침묵에 잠겼다. 클레멘타인은 수많은 눈들이 자신에게 해명을 요구하고 있음을 느꼈다. 그녀가 떨리는 목소리로 제니 부인과 아가씨를 향해 변명했다.

"나, 난 몰랐어요. 이건 캐서린 양이 제게 맡긴 지갑이란 말이에요."

"내가 뭘 맡겼다고요?"

때맞춰 캐서린이 돌아왔다. 클레멘타인이 반색하며 그녀를 향해 돌아섰다.

"캐서린 양, 말해줘요. 이 지갑은 당신이 나한테 맡긴 게 맞죠?"

캐서린의 표정이 어리둥절하게 변했다. 그녀의 눈이 의심으로 빛나자 클레멘타인은 절로 호흡이 가빠졌다.

"캐서린 양, 당신이 화장실에 간다면서 이 지갑을 맡겼잖아요."

"아뇨. 나는 그런 지갑을 본 적도 없고, 당신한테 맡긴 적은 더더욱 없어요. 만약 지갑을 맡긴다 해도 왜 친하지도 않은 당신이겠어요?"

"하하……!"

사람이 너무 기가 막히면 웃음이 나오는 법이다. 지금의 클레멘타인이 꼭 그랬다. 한동안 멍한 눈으로 캐서린을 보던 클레멘타인이 제니 부인을 향해 돌아섰다. 그리고 애원조로 말했다.

"믿어주세요, 부인. 저는 정말……."

"내 집에서 당장 나가줘요. 여긴 당신 같은 여자가 있을 곳이 아니에요."

"……!"

제니 부인의 싸늘한 목소리에 클레멘타인은 온몸에 소름이 돋는 것을 느꼈다. 클레멘타인이 단호한 제니 부인의 얼굴과 희미하게 웃고 있는 캐서린의 얼굴을 질린 눈으로 번갈아 보았다. 그제야 클레멘타인은 사건의 전말을 알 것 같았다. 제니 부인이 자신을 완전히 몰아내기 위해 조카인 캐서린에게 도움을 청했으리라.

'아…… 내가 그 정도로 싫다는 말인가?'

분노보다는 서글픔이 밀려들었다. 자신의 힘으로는 도저히 어찌해 볼 수 없는 운명의 벽 같은 게 자신과 윈스턴 사이에 놓여 있는 것만 같았다. 오직 가난하다는 이유만으로 자신을 적대시하는 수많은 눈들을 힘겹게 마주보다가 클레멘타인은 힘없이 돌아섰다

"즉시 저택을 떠나겠습니다, 제니 부인. 더불어 아드님과의 약혼도

포기하겠습니다."

"와아아아!"

런던역에서 내린 윈스턴과 리사는 엄청난 함성소리에 당황했다. 수천 명이나 되는 환영인파가 몰려나와 윈스턴의 이름을 연호하고 있었다. 윈스턴과 리사는 어리둥절한 눈으로 국기를 흔들며 환호하는 사람들을 바라보았다. 두 사람은 천신만고 끝에 계절이 가을로 바뀔 무렵에야 영국에 도착했지만 이런 과분한 환영은 상상조차 못한 것이었다.

리사가 윈스턴의 귀에 대고 소리쳤다.

"이게 무슨 소동이죠?"

"나도 몰라!"

"이 사람들 당신을 다른 사람으로 착각한 건 아닐까요?"

"하지만 내 이름을 외치고 있잖아!"

"하긴······."

잠시 후, 두 사람의 의문을 풀어줄 인물이 나타났다. 모닝포스트지의 편집장이 신문을 흔들며 다가왔던 것이다.

"처칠! 처칠!"

"아, 편집장님!"

편집장이 윈스턴의 손을 덥석 잡았다.

"무사히 돌아와서 다행이야! 진심으로 반갑네!"

"그런데 이 환영인파는 대체 어떻게 된 겁니까?"

"먼저 이 호외를 보게!"

"호외요?"

신문을 펼친 윈스턴과 리사의 눈이 휘둥그레졌다. 신문에는 '보어 전쟁의 히어로'란 제목 아래 윈스턴의 사진이 대문짝만 하게 박혀 있었다. 윈스턴이 편집장을 향해 황당한 듯 물었다.

"우린 그냥 보어인들의 포로가 되었다가 탈출했을 뿐입니다. 그런데 무슨 전쟁영웅이란 말입니까?"

"그게 어떻게 된 일이냐면 말이지……."

아프리카 전선에서 영국군은 연합보어군에게 연전연패를 거듭하며 체면을 구기고 있었다. 2만 명이 넘는 사상자가 발생했고, 대부분의 점령지를 다시 빼앗겼다. 영국인들은 이것을 수치로 받아들였다. 그때 보어인들에게 살해당한 줄만 알았던 명문가의 자제 윈스턴이 위험천만한 정글을 뚫고 돌아온 것이다. 패배감에 젖어 있던 영국인들에게 그것은 가뭄 끝에 내린 단비와도 같은 소식이었다. 국민들은 기꺼이 윈스턴을 영웅으로 대접했다.

며칠 동안 윈스턴은 수많은 환영 집회와 파티에 불러 다녔다. 그는 사고뭉치 하급 장교에서 순식간에 유명인사가 되었다. 하지만 윈스턴이 유명세를 즐기기만 한 것은 아니었다. 그는 사람들이 몇 명만 모여도 자신이 아프리카에서 보고 느낀 점에 대해 열변을 토했다.

"우리는 이 추악한 전쟁을 끝내야만 합니다! 황금과 다이아몬드 때문에 벌인 이 전쟁은 처음부터 정당성이 없었습니다! 대영제국의 군대가 보어의 여자들과 아이들까지 살해하고 있다면 여러분은 믿으시겠습니까? 일단 그들을 인간답게 대접해야 합니다! 그리고 평화롭게 공존할 방법을 찾아야 합니다!"

윈스턴의 주장은 답답한 전황과 함께 큰 호응을 받았다. 겨울이 시작될 무렵부터 많은 사람들이 윈스턴이 부친의 뒤를 이어 정치를 시작해야 한다고 믿기 시작했다.

대중적 인기가 점점 높아지자 부친이 활동했던 보수당에서 윈스턴에게 출마를 권유했다. 새해 초에 윈스턴은 보수당 후보로 하원의원에 출마했다. 그리고 1900년, 불과 스물여섯 살의 나이로 당당히 하원의원에 당선되었다.

"축하드립니다, 여사님. 부군의 뒤를 이어 아드님이 대영제국의 의원이 되었군요."

"감사합니다. 모두 여러분이 도와주신 덕분이에요."

아직 쌀쌀한 초봄의 오후, 런던의 저택에서 성대한 파티가 열렸다. 제니 부인이 직접 보수당 의원들을 초대한 파티였다. 제니 부인은 당의 유력자들과 능숙하게 대화를 나누며 아들의 장점을 알리느라 여념이 없었다. 오랜 선거전으로 지칠 대로 지친 윈스턴도 모처럼 홀가분한 얼굴로 젊은 귀족 아가씨들과 대화를 즐겼다.

"흥, 아주 신이 나셨구만!"

리사만은 뿌루퉁한 얼굴로 캐비어를 우물거렸다. 아가씨들과 어울려 근사하게 미소 짓는 윈스턴의 모습에 은근 부아가 치민 것이다. 캐비어를 얹을 비스킷을 집으려고 돌아서며 리사가 투덜거렸다.

"쫓겨난 사람은 까맣게 잊었단 말이지?"

"쫓겨난 사람이란 누굴 말하는 거지?"

이때 뒤쪽에서 누군가 리사의 어깨에 손을 얹었다. 깜짝 놀라 돌아서는 리사 앞에 어느새 윈스턴이 서 있었다. 리사가 윈스턴을 얼굴을 째려보았다.

"그걸 몰라서 묻는 거예요?"

"모르니까 묻지."

"우리가 아프리카로 떠나기 직전 이 집에는 당신의 손님이 머물고 있었던 걸로 아는데요. 당신이 약혼녀라고 불렀던 여자 말이에요."

"아, 클레멘타인!"

윈스턴이 그제야 생각난 듯 손바닥으로 이마를 탁 쳤다. 리사는 너무나 기가 막혔다.

"마치 남의 말을 하듯 하는군요. 그녀는 이미 남이라는 뜻인가요?"

"잊지 않았어."

"잊지 않았다는 사람이 클레멘타인을 찾을 생각은 않고 파티나 즐기고 있어요?"

"으음……."

윈스턴의 표정이 굳어졌다. 한동안 고민하던 그가 나직이 입을 열었다.

"나는 클레멘타인에게 내가 돌아올 때까지 이 집에 머물러 달라고 부탁했어. 그건 그녀가 어머니와 좋은 관계가 되기를 바랐기 때문이야. 그런데 돌아와 보니 그녀는 편지 한 장 남기지 않고 떠나버렸더군."

"약혼식 전날 갑자기 아프리카로 떠난 사람이 잘못이죠!"

"그건 물론 나의 잘못이야. 하지만 그녀에게 조금 더 배려심을 바라는 건 나만의 욕심일까?"

아쉬운 듯 한숨을 내쉬는 윈스턴에게 리사가 말했다.

"욕심 맞아요. 우리가 없는 동안 클레멘타인도 힘들었을 거라고요."

"……."

잠시 골똘히 생각하던 윈스턴이 고개를 끄덕였다.

"리사의 말이 옳아. 당장 그녀를 만나러 가자."

"지금 당장이요?"

"그래!"

"파티는 어쩌고요?"

"파티 따윈 어머니에게 맡겨두면 돼."

"찰리, 패스해! 이쪽으로 패스하라고!"

클레멘타인은 흙먼지가 풀풀 날리는 보육원의 운동장에서 원생들과 축구를 하고 있었다. 긴 머리를 질끈 묶고 치마를 들어 올린 채 뛰어다니는 그녀는 밝고 건강해 보였다. 윈스턴과 리사는 나란히 서서 클레멘타인의 모습을 지켜보았다. 리사가 살짝 굳어진 윈스턴의 옆얼굴을 돌아보았다.

"왜 그래요?"

"내가 돌아왔다는 소식을 들었을 텐데 그녀는 아무렇지도 않게 잘 지내고 있었구나."

"보육원의 교사로 취직했으니 당연히 아이들과 놀아줘야죠. 쓸데없는 생각 말고 빨리 만나 봐요."

"그래야지."

윈스턴이 결심을 굳힌 듯 씩씩하게 운동장 한복판으로 걸어갔다. 마침 한 원생이 힘차게 찬 공이 윈스턴 앞으로 데굴데굴 굴러왔다.

처억!

윈스턴이 발로 축구공을 잡았다.

"아저씨, 이쪽으로 차주세요!"

"빨리요! 빨리!"

원생들이 외쳤지만 윈스턴은 공을 잡은 채 꿈쩍도 하지 않았다. 원생들이 일제히 움직임을 멈추고 윈스턴을 쳐다보았다. 그제야 클레멘타인도 윈스턴을 발견하고 눈을 크게 떴다. 윈스턴이 멍하니 굳어 있는 클레멘타인을 향해 천천히 다가갔다. 그녀 앞에 우뚝 멈춰선 그가 빙긋 미소 지었다.

"클레멘타인, 나 돌아왔어. 좀 더 일찍 찾아오지 못해서 미안해."

"괜찮아요."

클레멘타인이 냉랭하게 말했다.

"그런데 무슨 일로 절 찾아오셨나요?"

"뭐라고……? 그걸 몰라서 묻는 거야?"

뜻밖의 반응에 윈스턴의 표정이 실망으로 일그러졌다.

"그래요. 윈스턴 당신이 왜 절 찾아왔는지 모르겠어요."

"클레멘타인, 우린 약혼한 사이야!"

"정확히 말해서 약혼할 뻔한 사이죠."

"!"

"당신이 아프리카로 떠나면서 우리 관계는 끝났어요. 그러니 더 이상 절 찾아오지 마세요."

클레멘타인의 싸늘한 얼굴을 지그시 바라보던 윈스턴이 한숨을 쉬었다. 그리고 그녀의 마음을 달래려 했다.

"클레멘타인, 내가 갑자기 떠나는 바람에 당신이 상처받았다는 거 알아. 하지만 아프리카에서도 당신을 잊어본 적이 없어."

"당신이 떠나 있는 동안 저는 한 가지 중요한 사실을 깨달았어요."

"그게 뭐지?"

"당신과 나는 절대로 어울리지 않아요."

"클레멘타인……!"

"그만 가주세요."

입술을 질끈 깨물고 클레멘타인의 얼굴을 바라보던 윈스턴이 천천

히 고개를 끄덕였다.

"좋아, 당신이 그렇게 결정했다면 나도 받아들이도록 하지."

윈스턴이 클레멘타인을 뒤로하고 찬바람을 일으키며 돌아섰다.

"우리의 관계는 완전히 끝난 것으로 알겠어."

리사가 두 팔을 벌리고 윈스턴의 앞을 가로막았다.

"윈스턴, 이대로 가면 안 돼요!"

"리사도 들었잖아. 클레멘타인은 우리가 어울리지 않는다고 생각해."

"하지만……."

"너도 그만 포기해. 우리는 이제 끝났어."

"윈스턴! 윈스턴!"

리사가 안타깝게 불렀지만 윈스턴은 운동장을 완전히 빠져나갈 때까지 한 번도 돌아보지 않았다.

그날 저녁에 리사는 클레멘타인과 그녀의 집 거실에 마주앉았다. 클레멘타인이 리사에게 따뜻한 차를 대접했다.

"새로 산 차가 제법 맛있어."

"고마워, 클레멘타인."

리사가 클레멘타인의 안색을 살피며 찻잔을 들었다. 그녀의 표정은 차분해 보였다. 리사가 찻잔을 내려놓으며 조심스럽게 물었다.

"클레멘타인, 저기……."

"윈스턴의 이야기라면 그만."

"갑자기 왜 이러는 거야? 우리가 아프리카에 가 있는 동안 대체 무슨 일이 있었던 거야?"

"……."

클레멘타인은 입을 꾹 다물고 있었다. 그러나 무릎 위에서 꽉 움켜쥔 그녀의 두 주먹을 보며 리사는 자신의 예상이 틀리지 않았음을 알아차렸다. 리사가 그녀 쪽으로 상체를 기울였다.

"그러지 말고 나한테 털어놔봐. 내가 보기에 클레멘타인은 아직 윈스턴을 사랑하고 있어. 만약 윈스턴의 어머니 때문이라면 그도 알아야 한다고 생각해."

클레멘타인이 착 가라앉은 소리로 대답했다.

"아무 일도 없었어."

"정말?"

"응!"

"그런데 왜 갑자기 그와 헤어지겠다는 거야?"

"우리가 서로 맞지 않는다는 걸 깨달았을 뿐이야. 그는 이상주의자고 나는 현실주의자야. 서로 안 맞는 게 당연하지."

"으음……."

리사가 신음을 흘리며 클레멘타인의 눈을 뚫어져라 보았다. 사람의 눈은 거짓말을 하지 못한다. 리사는 그녀의 흔들리는 눈동자에서 아직도 윈스턴에 대한 사랑을 확인할 수 있었다. 리사가 클레멘타인과 시선을 마주하며 물었다.

"그럼 내 눈을 똑바로 보며 윈스턴을 사랑하지 않는다고 얘기할 수 있어?"

"……."

"클레멘타인?"

"나는 더 이상 윈스턴을 사랑하지 않아."

"후우우……. 대체 무슨 일이 있었던 거야, 클레멘타인?"

안타까운 마음에 리사가 신음처럼 중얼거렸다.

7
실의 나날

클레멘타인의 집에서 하룻밤을 보낸 리사는 처칠가의 저택으로 돌아왔다. 국회로 나갈 준비를 하고 있는 윈스턴의 방문을 리사가 거칠게 열어젖혔다.

"윈스턴, 우리 얘기 좀 해요."

윈스턴이 근사한 정장 차림을 거울에 비춰보며 건성으로 대꾸했다.

"미안하지만 내가 조금 바쁜데."

"바빠도 시간 좀 내요."

리사가 거울을 가로막자 윈스턴이 한숨을 쉬었다.

"대체 왜 그래?"

"지난밤 클레멘타인과 이야기를 나누었어요."

"그녀의 얘기라면 더 이상 듣고 싶지 않아."

7

"내가 보기에 우리가 영국에 없는 동안 클레멘타인과 당신 어머니 사이에 무슨 일이 있었던 거 같아요. 그러니까 어머니한테 한 번만 물어봐줘요."

"리사, 지금 우리 어머니 때문에 클레멘타인이 떠났다고 말하고 싶은 거야?"

윈스턴의 표정이 험악하게 변했다.

"내 어머니는 완고하지만 아들의 여자를 내쫓을 정도로 모진 분은 아니야."

"사랑하는 여자와 영원히 헤어질지도 모르는 마당에 한 번쯤 물어봐줄 수도 있잖아요."

"어머니를 의심하는 것 자체가 싫다니까."

윈스턴이 빙글 돌아서서 방문을 향해 걸어갔다. 리사가 방문을 열고 나가는 윈스턴의 등을 향해 외쳤다.

"당신이 먼저 클레멘타인에게 사랑을 고백했잖아요! 그러니까 끝까지 책임을 져야죠!"

그 소리에 방을 나가려던 윈스턴이 멈칫했다. 그가 정면을 응시한 채 말을 내뱉었다.

"물론 내가 먼저 그녀를 사랑했어. 하지만 먼저 떠난 사람은 바로 그녀지."

쿵!

윈스턴이 나가고 문이 굳게 닫혔다. 리사가 고개를 절레절레 흔들었다.

"두 사람 다 아직 서로를 사랑하면서 이렇게 헤어지려는 거야?"

"지금 나가는 거니?"

저택의 널찍한 홀을 가로질러 현관으로 향하던 윈스턴이 어머니의 목소리를 듣고 멈춰 섰다. 천천히 돌아서는 윈스턴을 향해 제니 부인이 언제나처럼 흐트러짐 없는 모습으로 걸어왔다.

"다녀오겠습니다."

"초선의원이니 항상 겸손함을 잊지 말고."

"예, 어머니."

현관을 향해 몇 걸음 옮기던 윈스턴이 다시 멈추었다. 잠시 망설이는 듯하던 그가 제니 부인을 향해 돌아섰다.

"어머니."

"응?"

"혹시……."

"무슨 일인데 그러니? 편하게 물어보렴."

"…… 아뇨. 아닙니다."

선뜻 말을 꺼내지 못하는 아들을 보며 제니 부인은 왜 그러냐는 듯 고개를 갸웃했다.

"윈스턴?"

한참을 어머니의 얼굴을 바라보며 고민하던 윈스턴이 결국 다시 입

7

을 열었다.

"혹시 클레멘타인이 이 집에서 나간 게 어머니 때문인가요?"

"······!"

순간 제니 부인의 입가를 맴돌던 여유로운 미소가 먼지처럼 흩어졌다. 아들의 얼굴을 뚫어져라 보던 부인이 낮게 깔리는 소리로 물었다.

"왜 그런 걸 묻는 거니? 아직도 그 아이에게 미련이 남은 거야?"

"만약 무슨 일이 있었다면 솔직하게 말해주세요. 부탁드립니다."

"그 아이가 아무 말도 하지 않든?"

"예, 클레멘타인은 어머니와 관련해 한 마디도 하지 않았습니다. 그냥 헤어지고 싶다고만 하더군요."

"으음······."

"어머니!"

제니 부인의 입가에 미소가 되살아났다.

"그 아이가 그렇게 말했다면 그게 진실이겠지. 나는 그 아이에게 어떤 짓도 하지 않았단다."

"정말입니까?"

"정말이지 않고."

"알겠습니다. 그럼 이만."

윈스턴이 집사의 안내를 받으며 현관 밖으로 나갔다. 아들의 모습이 사라진 후에도 제니 부인은 한동안 우두커니 자리를 지키고 있었다. 부인이 고개를 갸우뚱하며 혼잣말처럼 중얼거렸다.

"그 아이는 왜 내가 억울한 누명을 씌웠다고 하소연하지 않았을까……?"

그때부터 일 년 가까이 윈스턴과 클레멘타인은 얼굴 한 번 마주치지 않고 완전 남남처럼 지냈다. 윈스턴은 초선의원으로서 눈코 뜰 새 없이 바쁜 나날을 보냈고, 클레멘타인도 새로운 직장에 적응하느라 정신이 없었다. 리사가 보기에는 둘 다 실연의 아픔을 잊기 위해 몸부림치고 있는 것 같았다. 그래서 리사는 클레멘타인과 윈스턴의 집을 오가며 두 사람을 화해시키려고 무던히 노력했다. 하지만 둘 다 고집이 쇠심줄이었다.

그러는 사이 윈스턴은 보수당의 보호관세정책에 반대하여 자유당으로 당적을 옮겼다. 집안 대대로 보수당 당원이었던 윈스턴이 당을 옮기자 보수당 쪽에선 그를 배신자로 낙인찍었다. 제니 부인은 걱정했지만 정작 본인은 눈도 깜빡하지 않았다.

"당적은 중요한 게 아닙니다. 나는 오직 내 신념에 따라 행동할 뿐입니다."

당을 바꾸고 나서 윈스턴은 더욱 정열적으로 일했다. 그는 하루에 4시간 정도 밖에 자지 않았고, 주말에도 동료 의원들을 만나 정책에 대한 토론을 벌였다. 이런 왕성한 의정활동 덕분에 윈스턴은 자유당 내각의 통상장관과 식민장관을 역임했다.

1914년 7월 28일 오스트리아의 세르비아에 대한 선전포고를 시작으로 1차세계대전이 발발했다. 영국, 프랑스, 러시아 등의 연합국과 독일, 오스트리아 등의 동맹국이 양 진영으로 나뉘어 지금껏 유래를 찾아볼 수 없는 대규모 전쟁을 벌였다. 수많은 영국 젊은이들이 나라의 운명을 걸고 유럽과 중동과 아프리카의 전선에서 싸우다 쓰러져 갔다. 윈스턴은 해군장관에 임명되어 전쟁을 이끌어갔다.

1915년 4월 윈스턴은 해군장관으로서 영국과 연합군의 운명이 걸린 다르다넬스 작전을 명령했다. 다르다넬스는 지중해에서 흑해로 이어지는 좁디좁은 해협이다. 유럽에서 이 해협을 건너면 바로 터키 땅인 갈리폴리 반도인 것이다. 서부전선이 교착되자 연합군은 흑해를 통해 러시아와 연결하기 위해 다르다넬스 해협을 건너 갈리폴리 반도 점령계획을 세우고, 대대적인 상륙작전을 감행했다. 이 상륙작전은 영국 해군 중심으로 진행되었다. 윈스턴은 육군도 참여시킬 예정이었으나 터키군의 방어진지가 너무 완벽하다고 주장하는 육군의 반대에 부딪쳐 포기했다.

새벽부터 시작된 전투는 치열하게 전개되었다. 이 전투에서 영국군과 터키군 100만 명 이상이 맞붙었다. 10만 명이 넘는 전사자와 25만 명 이상의 부상자가 발생한 참혹한 전투였다. 영국 해군은 용감하게 싸웠으나 육군의 지원이 없는 상태에서 터키군의 철옹성 같은 방어진지를 뚫는다는 건 애초 불가능했다.

결국 다르다넬스 작전은 실패로 돌아갔고, 연합군은 이듬해 2월 숱한 전사자만 남긴 채 후퇴했다. 패전의 책임이 끝까지 작전을 밀어붙인 윈스턴에게 떨어졌다. 윈스턴은 해군장관에서 경질됐을 뿐만 아니라 정치적으로도 큰 상처를 입었다. 윈스턴은 한동안 국회에도 나가지 않고 런던의 저택에서 은둔생활을 했다.

계절이 겨울로 바뀔 무렵, 클레멘타인에게 얻은 허름한 털외투를 걸친 리사가 저택에 도착했다. 저택 앞에는 누가 외출이라도 하는 듯 고급 승용차가 한 대 세워져 있었다. 여러 번 출입하면서 얼굴을 익힌 집사가 현관 안으로 들어오는 리사를 향해 가볍게 머리를 숙였다.
"안녕하십니까, 리사 아가씨."
"안녕하세요, 집사님. 윈스턴은 안에 있나요?"
"예, 오늘도 서재에서 역사책만 읽고 계십니다. 해군장관에서 물러난 이후 아예 외출을 안 하시는군요."
"밖에 세워져 있는 차는 윈스턴이 타고 나갈 게 아닌 모양이죠?"
"예, 마님께서 친척 댁을 방문하실 예정입니다."
"그렇군요."
홀 안쪽으로 걸음을 옮기던 리사가 멈칫했다. 화려한 밍크코트를 입고 걸어 나오는 제니 부인과 마주쳤기 때문이다.
"아, 안녕하세요?"
어색하게 인사하는 리사의 얼굴을 제니 부인이 못마땅한 듯 쳐다보았다. 부인은 얼마 전부터 아들의 주위를 맴도는 이 정체불명의 소녀를 쫓아내버릴까 고민하는 눈치였다. 하지만 부인은 실의에 빠져 있

7

는 아들에게 이 당돌한 소녀가 말동무라도 되어주는 게 낫다고 판단한 듯했다.

"들어가보렴."

"감사합니다."

리사가 안도의 한숨을 쉬며 부인을 스쳐 걸어갔다.

부르릉!

잠시 후, 현관 밖에서 자동차가 출발하는 소리가 들렸다.

똑똑!

여러 번 노크를 했지만 서재에선 아무 대답도 들려오지 않았다. 조심스럽게 방문을 열고 들어간 리사는 윈스턴이 대답하지 않은 이유를 알게 되었다. 안락의자에 비스듬히 앉아 있는 윈스턴의 책상 위에는 반쯤 비워진 위스키 병이 놓여 있었다.

"윈스턴, 또 대낮부터 술을 마시고 있었던 거예요?"

윈스턴이 취한 얼굴로 히죽 웃었다.

"오, 나의 친구 리사! 어서 와!"

리사가 두 손으로 책상을 짚으며 눈을 치켜떴다.

"왜 매일 술만 마셔요? 대체 어쩌려고 그래요?"

"큭큭……! 다르다넬스 작전 실패 이후 아무도 나를 상대해주려고 하지 않아. 터키 앞바다에 수장된 수많은 영국 젊은이들의 죽음이 나의 탓이라는 거지. 그러니 술을 마시는 것 외엔 뭘 할 수 있겠어?"

"그만 마셔요!"

다시 술잔을 쥐는 윈스턴의 손목을 리사가 붙잡았다. 리사는 절망에 물든 그의 눈을 들여다보았다.

"그러지 말고 클레멘타인을 만나요."

"뭐라고?"

"절망에 빠진 사람을 구원할 수 있는 건 사랑뿐이라고 어느 책에선가 읽었어요."

리사가 '세기의 로맨스'에서 읽은 문구까지 동원하며 윈스턴을 설득했다. 하지만 그는 입꼬리를 슬쩍 비틀며 이렇게 대꾸했다.

"리사, 너도 참 끈질기구나? 우리 사이는 오래전에 이미 끝났어."

"가슴에 손을 얹고 진심을 말해 봐요. 지금 이 순간 정말 클레멘타인이 보고 싶지 않아요?"

"……."

윈스턴은 대답하지 못했다. 흔들리는 그의 눈동자를 보며 리사는 어서 진실을 말하라고 외치고 싶었다.

"그래, 나는 더 이상 클레멘타인을 보고 싶지 않아."

"아……!"

리사가 실망감을 이기지 못하고 어깨를 축 늘어뜨렸다.

"윈스턴 도련님, 큰일났습니다!"

이때 방문이 벌컥 열리며 사색이 된 집사가 뛰어 들어왔다.

"무슨 일이오, 집사?"

"마님께서…… 마님께서……."

7

"어머니가 왜?"

"빙판길에 차가 미끄러지며 사고를 당하셨습니다!"

"뭐라고요?"

윈스턴과 리사가 동시에 눈을 부릅떴다.

제니 부인은 곧장 병원으로 옮겨졌다. 차가 구를 때 머리를 다친 부인의 상태는 썩 좋지 않았다. 그날 밤 늦게까지 수술이 이어졌다. 수술은 성공적으로 끝났지만 부인은 사흘 동안 깨어나지 못했다. 윈스턴은 한시도 어머니의 곁을 떠나지 않고 병상을 지켰다. 그를 홀로 남겨둘 수가 없어서 리사도 함께 머물렀다. 병실 창문을 통해 함박눈이 펑펑 날리는 밤하늘을 바라보며 윈스턴이 힘없이 중얼거렸다.

"이제 어머니마저 날 떠나려고 하시는 건가······?"

리사가 그의 등을 부드럽게 쓸어주었다.

"어머니는 반드시 회복되실 거예요. 윈스턴은 행운이 따르는 남자라는 사실을 잊지 말아요."

"리사, 고마워."

윈스턴이 리사를 돌아보며 희미하게 미소 지었다. 바로 그때 제니 부인이 기적적으로 눈을 떴다.

"으음······ 윈스턴······."

윈스턴이 어머니의 손을 와락 잡았다.

"어머니, 정신이 드세요?"

"내, 내가 사고를 당했니?"

"예, 메리 이모 댁으로 가시는 중에 차가 빙판길에 미끄러졌어요."

"그, 그랬구나."

"의사를 불러올게요."

"그냥 이대로 있어라."

황급히 일어서려는 윈스턴을 부인이 제지했다.

"무슨 하실 말씀이라도 있으세요?"

"……"

한동안 침묵을 지키던 제니 부인이 힘겹게 입을 열었다.

"죽을 고비를 넘기고 나니 과거의 잘못들이 하나둘 떠오르는구나."

"어머니는 평생 정직하게 살아오셨잖아요."

"그렇지 않단다. 다른 사람도 아닌 내 아들에게 돌이킬 수 없는 거짓말을 하고 말았어."

"무슨 말씀을……?"

잠시 망설이는 표정으로 아들의 얼굴을 바라보던 부인이 살짝 갈라지는 소리로, 그렇지만 뭔가를 결심한 듯 단호한 목소리로 고백했다.

"클레멘타인이 떠난 것은, 실은 내가 그 아이를 모함했기 때문이란다."

"어머니……!"

"네 사촌인 캐서린에게 부탁해서 파티에 초대된 여러 손님들 앞에서 그 아이를 도둑으로 몰았어. 그 아이도 내가 자신을 모함했다는 사실을 알아차렸을 거야. 그런데도 항의 한 마디 하지 않고 떠나더구나."

"……!"

윈스턴은 아무 말도 못하고 온몸을 부들부들 떨었다. 아마 환자만 아니었다면 참지 못하고 어머니에게 분노를 폭발시켰을 것이다.

"네가 아프리카에서 돌아온 후, 클레멘타인을 찾아갔을 때 솔직히 불안했다. 그 아이가 네게 억울함을 호소할 줄 알았거든. 놀랍게도 그 아이는 네게 한 마디도 하지 않았더구나. 그때 처음으로 깨달았지. 네 말대로 클레멘타인이 좋은 아가씨라는 사실을 말이야. 그날 이후 나도 양심의 가책에 시달려왔단다."

"으음……."

부인은 깊은 신음을 흘리는 아들의 눈을 들여다 보았다.

"다시 한 번 사과하마. 지금이라도 늦지 않았다면 클레멘타인을 데려오렴. 이번에는 내 딸처럼 따뜻하게 맞이해줄 테니."

"……."

윈스턴은 끝내 대답하지 않았다. 리사는 그가 왜 기뻐하지 않는지 궁금했다.

겨울이 끝나갈 무렵에야 제니 부인은 퇴원해서 저택으로 돌아올 수 있었다. 윈스턴은 대부분의 시간을 어머니를 간호하고, 역사책을 읽으면서 보냈다. 하지만 여전히 외출은 하지 않았고 술도 너무 자주 마셨다. 리사는 그런 윈스턴이 답답해서 견딜 수가 없었다.

겨울날 아침, 벽난로 옆의 안락의자에 앉아 역사책을 읽고 있는 윈

7

 스턴을 맞은편 의자에 앉아 지그시 째려보던 리사가 참지 못하고 소리를 질렀다.

 "대체 왜 클레멘타인을 찾아가지 않는 건데요?"

 "갑자기 무슨 말이지?"

 "부인이 자신의 잘못 때문에 클레멘타인이 떠났다고 고백하셨잖아요! 그럼 당장 그녀에게 달려가 용서를 빌고 다시 데려와야 하는 거 아닌가요?"

 "글쎄……."

 다시 책장으로 시선을 옮기는 윈스턴을 향해 리사가 분통을 터뜨렸다.

 "대체 왜 망설이는 거예요? 정말 그녀에게 싫증이 난 거예요?"

 윈스턴이 아무 대답도 하지 않고 스윽 일어섰다. 그가 창가를 향해 다가가더니 하염없이 밖을 내다보았다. 그의 뒷모습이 너무 쓸쓸해 보여서 리사는 더 이상 재촉하지 못했다. 한참만에야 윈스턴이 씁쓸하게 중얼거렸다.

 "내가 어떻게 그럴 수 있겠어?"

 "예?"

 "사람은 작은 잘못을 저지르면 쉽게 용서를 빌 수 있어. 하지만 너무 큰 잘못을 저지르면 용서해달라고 말할 수도 없지."

 "윈스턴……."

 사랑이란 참 복잡한 것이라고 생각하며 리사가 윈스턴의 뒷모습을 안타깝게 쳐다보았다.

윈스턴을 설득하는 데 실패한 리사는 클레멘타인에게 달려갔다. 그녀에게 윈스턴의 어머니가 모든 사실을 고백했다고 알리고 그와 화해하라고 말했다. 그러나 클레멘타인도 고개를 가로젓기는 마찬가지였다.

"우리는 처음부터 어울리지 않았어. 부인은 그걸 깨닫게 해주었을 뿐이야."

"부인도 더 이상 둘 사이를 방해하지 않겠다고 했다니까!"

"그런다고 우리가 어울리지 않는다는 사실이 변하지는 않아."

"대체 왜들 그리 복잡해? 아직 서로를 사랑하고 있으니까 만나서 화해하고 다시 시작하면 되는 거잖아."

"이미 지나간 것은 절대로 돌아오지 않아."

"으아아! 이러단 내가 먼저 돌아버리겠어!"

리사가 두 손으로 머리카락을 마구 헝클어뜨리며 비명을 질렀다.

겨울이 지나고 봄이 시작됐는데도 윈스턴이 클레멘타인을 데려오지 않자 제니 부인은 두 사람의 사이가 완전히 정리되었다고 판단했다. 사고 이후 조금씩 쇠약해지고 있던 부인은 아들이 최대한 빨리 가정을 꾸리기를 원했다. 그래서 명망 있는 귀족가문의 아가씨를 아들에게 소개시켜주었다. 유명한 백작가문의 영애인 조안나라는 아가씨였다.

리사가 보기에도 유쾌한 성격의 그녀는 윈스턴과 썩 잘 어울렸다.

7

역사에도 관심이 많아서 윈스턴과 대화도 잘 통했다. 윈스턴과 조안나의 사이가 가까워질수록 리사는 속이 바싹 타들어갔다.

"이대로 윈스턴이 조안나와 결혼해버리면 클레멘타인은 어떻게 하지? 그녀는 분명 아직도 윈스턴을 사랑하고 있을 텐데."

장미꽃 향기가 진하게 풍겨오는 5월 초의 어느 오전에 리사는 클레멘타인의 집으로 달려갔다.

"클레멘타인, 더 늦기 전에 빨리 윈스턴을 만나!"

"왜 또 그래?"

"윈스턴에게 여자친구가 생겼어. 백작가의 영애인 조안나라는 아가씨인데, 둘 사이가 벌써 심상치가 않아. 이대로 두면 머지않아 두 사람이 결혼했다는 소식을 전해 듣게 될 거라고."

"……!"

윈스턴이 결혼할지도 모른다는 소식은 클레멘타인에게도 확실히 충격을 준 것 같았다. 그녀의 안색이 창백하게 변했다. 입술을 지그시 깨물고 생각에 잠긴 그녀의 손을 잡고 리사가 일어섰다.

"지금 당장 가자!"

"아니, 가지 않겠어."

"클레멘타인!"

"그가 만약 새로운 사랑을 찾았다면…… 그래서 그 여자와 결혼까지 결심했다면 나는 방해하고 싶지 않아."

클레멘타인을 달래던 리사도 결국 버럭 화를 내고 말았다.

"당신들 두 사람은 왜 이리 복잡한 거야? 나도 이제 모르겠으니 헤어지든 말든 마음대로 해!"

쾅!

"흐흑!"

리사가 거칠게 문을 닫고 나가자마자 클레멘타인이 참았던 눈물을 터뜨렸다. 어둠이 내려앉을 때까지 울음은 그치지 않았다.

그 후 며칠 동안 리사는 클레멘타인을 찾아가지 않았다. 윈스턴의 저택에서 지냈지만 그의 얼굴도 보고 싶지 않아서 아예 방 밖 출입을 삼갔다. 그렇게 사흘쯤 지났을까? 오전에 누군가 방문을 노크했다.

똑똑!

"네, 들어오세요."

방문을 열고 들어온 사람은 윈스턴의 새로운 여자친구 조안나였다. 봄의 분위기가 물씬 풍기는 노란색 원피스 차림에 부드러운 금발을 틀어 올린 조안나는 여신처럼 아름다웠다.

"안녕? 내가 방해한 거 아니죠?"

"아, 아니에요."

리사가 어색하게 웃으며 읽고 있던 책을 덮었다.

"이쪽으로 앉아요."

"고마워요."

"차라도 마실래요?"

7

"아뇨, 괜찮으니까 그냥 앉아요."

리사와 마주앉아서 조안나는 한동안 말이 없었다. 리사와 시선을 마주한 채 망설이던 그녀가 조심스럽게 입을 열었다.

"리사, 실은 부탁할 말이 있어서 실례를 무릅쓰고 왔어요."

"괜찮으니까 말해보세요."

숨을 한 번 크게 몰아쉰 조안나가 말했다.

"나는 윈스턴을 좋아하고 있어요."

"!"

"제니 부인도 그렇고, 우리 집에서도 봄이 가기 전에 나와 윈스턴이 결혼하기를 원하고 있어요. 그런데 그는 결혼 이야기만 나오면 입을 꾹 다물어버리더군요."

"그, 그래요?"

리사는 뭐라고 할 말이 없어서 어색하게 웃기만 했다. 조안나의 눈빛이 더욱 진지하게 변했다.

"윈스턴에게 클레멘타인이라는 애인이 있었다죠?"

"그, 그건……."

"리사는 그녀의 절친한 친구라고 들었어요. 또한 리사는 윈스턴이 가장 아끼는 친구이기도 하죠."

"으음……."

얼굴을 살짝 붉히는 조안나의 목소리가 잘게 떨렸다.

"내가 지금 리사에게 굉장히 무례한 말을 하고 있다는 걸 알아요.

나도 내 자신이 부끄러워서 견딜 수 없을 지경이에요. 하지만 윈스턴을 사랑하기 때문에 그 모든 걸 참고 부탁하는 거예요. 리사, 윈스턴이 이미 헤어진 옛 애인을 잊고 나와 결혼할 수 있게 도와줘요. 나는 그를 성공시키고, 그가 행복해지도록 만들 자신이 있어요."

눈물을 글썽이는 조안나의 눈을 보며 리사는 그녀가 진실을 말하고 있음을 알 수 있었다. 리사가 보기엔 조안나는 부유한 집안에서 자랐지만 겸손하고 정직한 아가씨였다.

'어쩌면 클레멘타인보다 이 아가씨와 결혼하는 게 윈스턴을 위해서 더 나을지도……'

골똘히 생각에 잠겨 있던 리사가 천천히 고개를 끄덕였다.

"당신의 말대로 나는 클레멘타인과 친자매 같은 사이예요. 그렇기 때문에 윈스턴에게 클레멘타인 대신 당신과 결혼하라고는 도저히 못 하겠어요. 대신 윈스턴에게 클레멘타인과 다시 잘해보라고 조르지도 않을게요. 이게 내가 베풀 수 있는 최대한의 호의예요."

조안나가 한결 밝아진 얼굴로 일어섰다.

"고마워요, 리사. 그 정도만 해줘도 충분해요. 지금 윈스턴과 피크닉을 나갈 건데 함께 가지 않을래요?"

"나는 조금 더 쉬고 싶어요."

"알았어요. 그럼 난 이만 나가볼게요."

조안나를 배웅하고 나서 리사는 저도 모르게 한숨을 푹 쉬었다.

"후우…… 결국 윈스턴과 클레멘타인의 관계는 이렇게 끝나고 마는

7

건가······?"

리사가 창가 쪽으로 걸음을 옮겼다. 널찍한 창을 통해 내려다보니 바구니를 든 조안나가 윈스턴과 팔짱을 끼고 정원을 걸어 나가는 게 보였다. 리사가 스스로에게 다짐하듯 중얼거렸다.

"그래, 차라리 잘됐어. 윈스턴도 저렇게 행복해하고 있잖아."

하지만 리사는 자신의 목소리가 왠지 공허하게 들리는 것처럼 느껴졌다.

8
너무 늦지 않도록

그날 오후, 리사는 결국 클레멘타인을 찾아갔다. 마지막으로 한 번만 더 그녀를 설득해보기 위해서였다. 리사가 삐걱거리는 계단을 밟고 이 층으로 올라갔을 때, 클레멘타인은 거실 가득 옷가지와 책들을 늘어놓은 채 큼직한 여행용 가방을 꾸리고 있었다.

"이게 다 뭐야? 어디로 여행이라도 떠나는 거야?"

"응, 실은 프랑스로 떠나게 되었어."

"프랑스에는 갑자기 무슨 일로?"

"우리 보육원을 도와주는 후원자께서 프랑스에도 전쟁고아들을 위한 보육원을 세울 예정이거든. 원장선생님께서 그 일을 도울 교사를 모집했는데 나도 얼마 전에 거기에 지원했어."

"그럼 윈스턴은 어떻게 하고!"

"!"

윈스턴의 이름을 꺼내자 클레멘타인이 멈칫했다. 리사의 얼굴을 멍하니 보던 클레멘타인이 힘없이 미소 지었다.

"그는 새로운 여자친구와 결혼하겠지. 나는 프랑스에서 새로운 삶을 시작할 테고."

"하아……!"

이제는 정말 지쳐버렸다고 생각하며 리사는 어깨를 축 늘어뜨렸다. 마지막으로 클레멘타인을 설득하겠다며 이곳까지 달려온 자신이 바보처럼 느껴졌다. 리사가 입가에 씁쓸한 미소가 걸렸다.

"그래서 언제 떠나는데?"

"오늘 저녁 세인트캐서린 항구를 출발하는 마지막 여객선을 탈 예정이야."

"그, 그렇게 빨리? 그럼 나한테도 알리지 않고 떠날 생각이었단 말이야?"

"물론 리사는 만나고 가려고 했지."

클레멘타인이 눈물을 글썽이는 리사를 꼭 안아주었다. 리사도 눈물을 글썽이며 그녀의 등을 쓸어주었다.

"클레멘타인, 정말 괜찮겠어?"

"으응! 난 이미 결심했어."

"다시 만날 때까지 부디 건강해야 해."

"리사도 몸 건강히 잘 있어. 프랑스에 도착하자마자 편지할게."

"그래…… 그래……."
두 사람은 한동안 떨어지지 못했다.

노을을 등지고 저택으로 돌아오던 리사는 그제야 피크닉을 마치고 돌아오는 윈스턴, 조안나 커플과 마주쳤다. 두 사람은 진심으로 즐거워 보였다. 시무룩한 리사를 향해 윈스턴이 의아한 듯 물었다.
"리사, 왜 그리 우울한 표정이야?"
"아무것도 아니에요."
리사가 대답하기도 귀찮아 몸을 돌려세웠다. 윈스턴과 조안나를 등지고 걸음을 옮기며 리사는 스스로에게 다짐했다.
"그래, 차라리 잘된 일이야. 윈스턴에겐 조안나처럼 좋은 환경에서 자란 아가씨가 어울린다고."
바로 그때 리사의 뇌리로 누군가의 얼굴이 스치고 지나갔다. 과거의 세계로 떨어지기 직전, 선재와 함께 봉사활동을 했던 노인의 얼굴이었다. 걸음을 멈추고 우두커니 서서 리사는 세상을 떠나기 전에 이순임 할머니와 만나 용서를 구할 기회를 갈망하던 할아버지의 모습을 떠올렸다. 젊은 시절 용서를 빌 기회를 모두 놓치고 세상을 떠나기 직전에서야 마지막 기회를 애타게 찾는 할아버지의 모습에서 리사는 윈스턴의 모습을 찾을 수밖에 없었다.
'먼 훗날 윈스턴도 어쩌면 클레멘타인에게 용서를 빌지 못한 걸 두고두고 후회하게 될지도 몰라.'

거기까지 생각이 미치자 리사는 정신이 번쩍 들었다. 더 이상 윈스턴과 클레멘타인 사이에 끼어들어서는 안 된다는 생각과 적어도 윈스턴에게 생의 마지막 순간까지 잊지 못할 아쉬움을 남겨서는 안 된다는 생각이 어지럽게 교차했다. 고개를 떨구고 주먹을 부르르 떠는 리사의 뒷모습을 윈스턴과 조안나가 의아한 듯 쳐다보았다.

"리사, 왜 그래? 정말 무슨 일이 있는 거야?"

윈스턴이 걱정스럽게 묻는 순간, 리사가 더 이상 참지 못하고 휙 돌아섰다.

"윈스턴과 조안나!"

"응!"

"두 사람에게 꼭 할 말이 있어요."

"대체 무슨 일인데 그래?"

"먼저 조안나에게 사과부터 하고 싶어요."

"그, 그게 무슨 말이에요?"

조안나의 얼굴을 똑바로 쳐다보며 리사가 사과했다.

"지금부터 내가 하는 말은 당신과의 약속을 어기는 것이 될 테니까요."

"리사……!"

당황하던 조안나가 고개를 끄덕였다.

"괜찮으니까 얘기해봐요. 나는 리사를 믿고 있으니까 어떤 말을 하든 상관없어요."

"고마워요."

리사가 어리둥절한 윈스턴에게로 시선을 옮겼다.

"윈스턴, 당신에게 묻겠어요."

"대체 뭔데 그래?"

"당신은 정말 클레멘타인을 포기하고, 조안나를 선택할 결심이 되었나요?"

"또 클레멘타인 이야기야?"

실망하는 윈스턴을 향해 리사가 빠르게 말을 이었다.

"클레멘타인은 이제 프랑스로 떠나서 영영 돌아오지 않는대요. 그녀가 이렇게 떠나도 정말 아무렇지 않겠어요?"

"그녀가…… 프랑스로 영영 떠나버린다고……?"

일그러지는 윈스턴의 얼굴을 보며 리사는 그가 클레멘타인을 아직 사랑하고 있음을 확신할 수 있었다. 리사가 조안나를 향해 진심으로 사과했다.

"조안나, 정말 미안해요. 하지만 윈스턴에게 말할 수밖에 없었어요."

복잡한 표정을 짓고 있던 조안나가 애써 미소를 지었다.

"사과할 필요 없어요, 리사. 나도 리사의 입장이었다면 지금처럼 할 수밖에 없었을 테니까요."

"고마워요, 조안나. 당신은 정말 좋은 여자예요."

조안나에게 고개를 깊숙이 숙여 경의를 표한 리사가 아직까지 멍해 있는 윈스턴의 등을 찰싹 때렸다.

"정신 차려요!"

"으익!"

"클레멘타인이 곧 떠난다고 했잖아요! 그녀가 떠나도록 내버려둘 생각이에요?"

"집사! 집사! 차를 대기시켜! 항구로 가겠다!"

윈스턴이 차고를 향해 달려가며 소리쳤다. 리사도 그를 쫓아 뛰었다.

"조안나, 나도 가봐야 할 것 같아요."

"나는 신경 쓰지 말고 어서 가요."

"조안나는 분명 더 좋은 남자를 만날 거예요."

"고마워요."

노을빛이 넉넉한 항구에 커다란 여객선이 한 척 정박 중이었다. 몇 명의 여행객들이 녹슨 트랩을 밟고 여객선에 올랐다. 여행객들의 맨 끝자락에서 커다란 가방을 끙끙거리며 옮기고 있는 클레멘타인의 모습도 보였다. 그녀가 갑판 위로 올라서자 선원들이 트랩을 끌어올리기 시작했다. 클레멘타인은 선실로 들어가지 않고 선원들 옆에 서서 선홍빛으로 물든 항구를 바라보았다.

"다시 영국으로 돌아올 수 있을까……?"

그녀의 눈에 아련한 그리움 같은 게 피어올랐다. 미련을 떨치듯 고개를 세차게 저으며 클레멘타인이 몸을 돌려세웠다. 바로 그때 항구 쪽에서 귀에 익은 외침소리가 들려왔다.

"클레멘타인! 클레멘타인! 잠깐만 기다려줘!"

"이 목소리는 설마……?"

빙글 돌아서는 클레멘타인의 눈에 저 아래쪽 기다란 방파제를 달려오는 윈스턴과 리사의 모습이 보였다. 여객선 바로 아래 도착한 윈스턴이 막 트랩을 완전히 끌어올린 선원들을 향해 소리를 질렀다.

"트랩을 다시 내려요! 당신들 옆에 서 있는 여자를 꼭 만나야 합니다!"

선원들이 의견을 구하듯 클레멘타인을 힐끗 보았다. 이를 악물고 망설이던 클레멘타인이 천천히 고개를 가로저었다.

"그냥 떠나주세요. 저는 저 남자를 만나고 싶지 않아요."

갑판장이 주먹을 번쩍 쳐들었다.

"출항하라!"

뿌우우우-!

굴뚝에서 시커먼 연기를 뿜으며 여객선은 방파제에서 천천히 멀어지기 시작했다. 윈스턴이 절박한 얼굴로 클레멘타인을 향해 손을 흔들었다.

"클레멘타인! 내게 일 분만 시간을 줘! 당신에게 꼭 하고 싶은 말이 있단 말이야!"

"미안해요, 윈스턴. 우리 사이를 되돌리기엔 너무 늦어버렸어요."

클레멘타인의 눈에서 뜨거운 눈물이 흘러내렸다. 배를 쫓아오던 윈스턴이 방파제 끝에 털썩 무릎을 꿇은 것은 그때였다.

"내가 잘못했어, 클레멘타인!"

자존심 강한 윈스턴이 무릎까지 꿇자 클레멘타인이 눈을 크게 떴다.

"윈스턴……!"

"내가 당신에게 용서를 구하지 못한 것은 잘못을 인정하지 않기 때문이 아니야! 오히려 너무 큰 잘못을 저질러서 차마 용서해달라고 말할 용기가 나지 않았던 거야! 그런데 당신이 영영 내 곁에서 떠난다는 말을 듣자 알게 되었어! 당신 없이는 단 한 순간도 숨을 쉬며 살아갈 수 없다는 사실을!"

윈스턴의 눈에서 굵은 눈물방울이 떨어졌다.

"그러니 염치없지만 내가 당신에게 용서를 빌 수 있도록 허락해줘!"

"아아……!"

윈스턴의 진심 어린 사과의 말이 클레멘타인의 가슴을 뒤흔들었다. 그녀의 얼굴도 어느새 눈물범벅으로 변해 있었다. 선원들마저 감동해 눈시울을 붉혔다. 수염이 덥수룩한 선원이 갑판장을 힐끗 보았다.

"어떻게 할까요?"

"어떡하긴 뭘 어떡해? 당장 트랩을 내려야지!"

"옙!"

클레멘타인이 트랩을 밟고 천천히 내려와 여전히 무릎을 꿇고 있는 윈스턴을 향해 다가갔다. 그녀가 마침내 그의 앞에 우뚝 멈춰 섰다. 두 사람은 눈물을 흘리며 서로의 얼굴을 뚫어져라 쳐다보았다. 클레멘타인이 천천히 허리를 구부려 사랑하는 남자의 입술에 키스했다.

"윈스턴, 이제 그만 일어나요. 나는 이미 당신을 용서했어요."

"클레멘타인, 사랑해!"

윈스턴이 박차고 일어서며 클레멘타인을 와락 안았다.

"저도 사랑해요!"

뜨겁게 키스하는 윈스턴과 클레멘타인을 보며 리사가 두 손을 맞잡았다.

"정말 잘됐어!"

봄이 지나기 전에 윈스턴과 클레멘타인은 결혼식을 올렸다. 런던 세인트마거리트 교회에서 예식이 엄숙하게 거행되었다. 제니 부인을 비롯해 자유당과 보수당 등 정계의 유력인사들이 교회를 가득 채웠다. 근사한 턱시도 차림에 머리를 단정하게 빗어 넘긴 윈스턴이 결혼식의 주관을 맡은 신부님 앞에 섰다. 한동안 칩거생활을 했던 그의 입가에 오랜만에 싱글벙글 웃음이 걸렸다.

클레멘타인은 아직 신부 대기실에 있었다. 살짝 파인 목둘레에 레이스가 달린 우아한 드레스 차림의 클레멘타인은 긴장된 눈으로 전신거울을 보고 있었다. 리사가 그녀 옆에서 함께 거울을 보며 감탄사를 발했다.

"어쩜~ 너무 아름다워, 클레멘타인!"

"정말이야?"

"정말이고말고!"

클레멘타인이 리사를 향해 돌아서며 손을 맞잡았다.

"리사, 네가 아니었으면 나는 결코 여기까지 오지 못했을 거야."

"그렇지 않아. 모든 게 클레멘타인의 용기 덕분이야."

"리사!"

"클레멘타인!"

두 아가씨가 서로를 와락 끌어안았다. 잠시 후, 리사가 클레멘타인에게서 떨어지며 손을 내밀었다.

"이제 가볼까? 내가 에스코트해줄게."

"응!"

손을 맞잡은 클레멘타인과 리사가 예식장을 향해 걸음을 옮겼다. 식장의 문이 활짝 열리며 두 사람이 안으로 들어갔다. 아름다운 파이프오르간 선율에 맞춰 클레멘타인과 리사는 수많은 하객들의 시선 속에 붉은 카펫 위를 천천히 걸었다. 단 바로 앞에서 리사가 우뚝 멈춰 섰다. 리사가 친구의 얼굴을 돌아보며 빙그레 미소 지었다.

"클레멘타인, 나는 여기까지만 안내할게."

"응, 고마웠어."

클레멘타인이 홀로 단 위로 올라갔다. 신부님을 향해 나란히 서는 신랑과 신부를 리사가 뿌듯한 시선으로 올려다보았다.

신부님이 먼저 윈스턴을 향해 물었다.

"윈스턴 처칠, 당신은 신부 클레멘타인을 평생 보호하고 사랑하겠습니까?"

"네, 기꺼이 그러겠습니다."

"클레멘타인 호지어, 당신은 신랑 윈스턴을 평생 존경하고 사랑하겠습니까?"

"네, 기꺼이 그러겠습니다."

신부님이 씨익 웃으며 말했다.

"신랑과 신부, 이제 키스하세요."

윈스턴과 클레멘타인이 서로를 향해 돌아섰다. 벅찬 행복감 때문에 두 사람의 얼굴에선 환하게 빛이 나는 것 같았다. 열정 가득한 눈으로 한동안 서로의 눈을 보고 있던 윈스턴과 클레멘타인의 얼굴이 천천히 가까워졌다.

"사랑하오, 클레멘타인."

"사랑해요, 윈스턴."

두 사람이 입을 맞추자 리사가 가장 먼저 손뼉을 마주쳤다.

"꺄악! 너무 멋져요!"

식장을 가득 메운 하객들도 리사를 따라 박수치며 환호했다.

짝짝짝짝!

"와아아!"

클레멘타인과 결혼한 후 자신감을 되찾은 윈스턴은 국회의원으로서 다시 맹렬히 활동하기 시작했다. 보수당을 떠나 자유당 의원으로 활동하던 윈스턴은 다시 보수당으로 돌아갔다. 그즈음 유럽에는 다시 서서히 전쟁의 먹구름이 밀려들고 있었다. 1차세계대전에서 패배하고 숨죽이고 있던 독일이 히틀러의 주도로 군비를 강화하고, 전쟁 준비에 박차를 가하고 있었기 때문이다. 히틀러의 야욕을 진즉부터 알아차리고 있었던 윈스턴은 의사당에 나가 연설을 했다.

"여러분, 우리는 즉각적으로 독일과의 전쟁 준비에 돌입해야 합니다! 히틀러는 분명 유럽에서 다시 전쟁을 일으킬 것입니다! 우리는 공군력을 강화해야 합니다! 전쟁이 발발하면 독일의 급강하 전투기들이 런던을 덮칠 것입니다!"

윈스턴의 이러한 주장은 자유당은 물론 보수당 의원들로부터도 호응을 얻지 못했다. 당시 보수당 총리였던 네빌 체임벌린이 독일과의 평화정책을 고수하고 있었기 때문이다. 보수당 의원들이 연단에서 내려오는 윈스턴을 꾸짖었다.

"처칠 의원, 왜 전쟁 운운해서 국민들을 불안하게 만드는 거요?"

"지금 체임벌린 총리가 히틀러와 평화협정을 추진 중이란 사실을 모르시오?"

"전쟁이란 말을 다시는 입에 올리지 마시오."

윈스턴은 눈도 깜빡하지 않고 보수당의 선배 의원들에게 대응했다.

"독일의 히틀러와 이탈리아의 무솔리니 같은 자들과 평화협정을 맺

어봤자 휴지조각에 불과합니다. 파시스트들은 전쟁을 광적으로 좋아하기 때문입니다. 더 늦기 전에 체임벌린 총리를 설득하는 데 앞장서 주십시오."

하지만 윈스턴의 주장은 보수당 의원들의 지지를 받지 못했다. 체임벌린 총리는 자신의 공약대로 1938년 뮌헨회담을 개최하여 체코의 영토인 수데텐란트의 합병을 주장하는 히틀러의 요구를 받아들였다. 그는 이 양보로 히틀러가 더 이상의 욕심을 버리고 평화를 유지할 것이라고 국민들을 설득했다. 체임벌린 총리가 국회에서 히틀러의 사인이 적힌 평화협정문을 흔들며 연설할 때 윈스턴은 자리를 박차고 일어나 일갈했다.

"총리의 주장은 적적으로 잘못되었습니다! 뮌헨협정은 평화를 위한 협정이 아니라 히틀러의 탐욕에 기름을 끼얹은 실수에 불과합니다!"

"처칠 의원, 당신은 혹시 전쟁광이오?"

"나는 전쟁광이 아닙니다! 하지만 강한 힘만이 평화를 보장한다고 믿고 있습니다!"

보수당 의원들이 달려들어 그를 억지로 주저앉힐 때까지 윈스턴과 체임벌린의 설전은 계속되었다. 이날의 설전으로 윈스턴은 보수당 안에서 따돌림을 당하는 신세가 되었다. 하지만 그는 포기하지 않고 전쟁에 대비해야 한다고 의원들과 국민들을 설득하는 데 모든 노력을 기울였다. 이러한 노력이 1939년까지 계속되었다.

1939년 9월 독일이 평화협정을 깨고 폴란드를 침공했다. 평화를 장담하던 체임벌린의 공약은 물거품이 되었고, 폴란드와 동맹관계였던 영국과 프랑스는 대독 선전포고를 했다. 그제야 히틀러 등 파시스트들에게 속았음을 깨달은 영국 국민들은 전쟁에 대비해야 한다고 주장했던 윈스턴이 돌아와 전쟁을 수행해주길 바랐다. 영국정부는 그를 다시 해군장관에 임명했다. 장관에 임명된 윈스턴은 유럽에서 독일의 진격을 막기 위해 고군분투했으나 이미 철저하게 준비하고 있던 독일군의 진격을 막는 것은 쉬운 일이 아니었다. 그러다 1940년 독일군에 맞서 힘겹게 버티던 영국과 프랑스 연합군에게 결정적 타격을 입히는 사건이 발생했는데, 바로 '노르웨이 작전'이었다.

　유럽을 휩쓸던 히틀러는 영국과 프랑스의 완강한 저항을 제압하기 위해 스칸디나비아 반도의 노르웨이를 침공했다. 노르웨이가 나치의 수중에 떨어진다면 영국은 지중해에서의 제해권을 상실하고 프랑스 역시 안전을 보장받을 수 없게 될 터였다. 영국과 프랑스는 노르웨이를 지키기 위해 해군과 육군을 출동시켰다. 해군은 바다에서 독일 해군과 맞붙었고, 노르웨이에 상륙한 육군은 이미 상륙해 있던 독일군과 전투를 벌였다. 전투는 한 달 넘게 치열하게 계속되었다. 영프 연합군과 독일군은 일진일퇴를 거듭했다. 그런데 이때 영프 연합군에 급보가 날아들었다. 독일군이 프랑스로 물밀듯이 쳐들어오고 있다는 소식이었다. 프랑스군은 본국을 지키기 위해 돌아갈 수밖에 없었고, 홀로 남은 영국군은 결국 독일군에게 패배했다. 수천 명의 영국 해군이 바다에 수장 당했고, 노르웨이는 독일군에게 함락되었다.

작전 실패의 소식을 윈스턴은 1940년 봄에 런던의 자택에서 들었다. 아침 일찍 해군성에서 걸려온 전화로 보고를 받은 윈스턴은 서재에 우두커니 앉아 막 일출이 떠오르는 창밖을 하염없이 바라보았다. 마침 차를 가져다주기 위해 들어왔던 리사가 그에게 위로의 말을 건넸다.

"윈스턴, 너무 실망하지 말아요. 지금은 비록 졌지만 영국은 히틀러를 무찌르고 반드시 승리할 거예요."

"파시스트들의 힘이 너무 강해. 나는 우리가 저들을 막아낼 수 있을지 확신할 수 없어."

언제나 희망을 먼저 생각했던 윈스턴의 절망하는 모습에 리사는 마음이 아팠다. 2차세계대전은 결국 연합국의 승리로 끝난다고 말해주고 싶어 입이 근질거렸지만 왠지 역사에 개입하면 안 될 것 같아 꾹 참았다. 윈스턴이 비로소 창문에서 시선을 거두고 리사를 쳐다보았다.

"곧 총리 관저로 가서 체임벌린 총리에게 해군장관직에서 물러나겠다고 말할 생각이야."

"그건 안 돼요!"

"누군가 노르웨이 작전의 실패에 대한 책임을 져야만 해."

"하지만…… 하지만 이 전쟁에서 이기려면 당신이 꼭 필요하단 말이에요."

"나를 생각해주는 건 고맙지만 우리 영국에는 나 외에도 많은 인재들이 있어."

똑똑!

이때 노크소리가 들렸다.

"들어와요."

집사의 안내를 받으며 서재로 들어온 사람들은 보수당의 원로의원들이었다. 윈스턴이 자리에서 벌떡 일어섰다.

"의원님들이 저희 집까진 어쩐 일이십니까? 이쪽으로 앉으시지요."

"고맙소, 처칠 의원."

"리사, 미안하지만 차를 부탁해도 될까?"

"알았어요."

잠시 후, 리사가 돌아와 의원들 앞에 찻잔을 놓아줄 때까지 그들은 입을 꾹 다물고 있었다. 차를 마시며 원로들의 안색을 살피던 윈스턴이 조심스럽게 물었다.

"무슨 일로 절 찾아오셨는지……?"

"우리는 방금 총리관저에서 체임벌린 총리와 얘기를 나누고 오는 길이오."

"혹시 저의 해임에 대해 얘기를 나누셨다면 걱정 마십시오. 그렇잖아도 오늘 총리님을 만나 사직을 청할 생각이었습니다."

"총리께선 오늘 중으로 사임을 발표한다고 하셨소. 그리고 후임 총리로 처칠 의원을 지명하셨소."

"뭐, 뭐라고요……?"

윈스턴이 충격으로 눈을 부릅떴다. 리사도 하마터면 찻잔을 떨어뜨릴 뻔했다. 한동안 입을 벌리고 있던 윈스턴이 천천히 고개를 가로저었다.

"저는 맡을 수 없습니다. 오히려 노르웨이 작전 실패의 책임을 지고 물러나야 할 사람입니다."

의원들이 적극적으로 윈스턴을 설득했다.

"작전의 실패는 불가항력이었소."

"유럽 전체가 나치의 수중에 떨어지기 일보 직전이오."

"부디 처칠 의원의 용기와 저돌적인 실행력으로 우리 영국을 구원해주시오."

윈스턴은 선뜻 대답하지 못하고 신음을 흘렸다. 극심한 갈등으로 그의 미간에 깊은 주름이 잡혔다. 윈스턴이 한참만에야 착 가라앉은 소리로 입을 열었다.

"제게 조금만 생각할 시간을 달라고 총리님께 전해주십시오."

"알겠소. 하지만 시간이 그리 많지 않다오."

의원들이 배웅한 윈스턴이 소파에 털썩 주저앉으며 한숨을 몰아쉬었다.

"후우우……!"

리사가 맞은편에 앉으며 그를 격려했다.

"망설이지 말고 총리 직을 맡아요, 윈스턴. 나치를 물리칠 수 있는 사람은 당신뿐이에요."

"나는 정말 자신이 없어, 리사. 히틀러를 막기에는 우리는 너무 준비가 되어 있지 않아."

"아무리 절망적인 상황에서도 먼저 희망을 생각하는 사람이 윈스턴 아니었나요?"

"그래도 이번만은 아무런 희망도 보이지 않아."

"윈스턴!"

"조금만! 조금만 더 생각해보겠어!"

윈스턴이 답답한 얼굴로 박차고 일어섰다. 서재의 문을 열고 나가는 그를 리사가 황급히 쫓아나갔다. 거실을 지나가던 윈스턴과 리사가 멈칫했다. 응접실에 마주앉아 있는 서너 명의 귀부인들에게 화를 내고 있는 클레멘타인의 모습을 발견했기 때문이다.

"그런 부탁이라면 들어줄 수 없으니 돌아들가세요!"

귀부인들은 윈스턴도 익히 알고 있는 가까운 친척들이었다. 의아한 표정으로 클레멘타인을 향해 다가가던 윈스턴이 부인들의 말을 듣고 멈칫했다.

"그렇게까지 화를 낼 필요는 없잖니."

"윈스턴이 해군장관이니 도움을 좀 청하려는 것뿐이야."

"독일과의 전쟁이 끝날 때까지만 안전한 미국으로 떠날 수 있게 도와달라는 게 뭐가 나빠?"

클레멘타인이 주먹을 부르르 떨며 간신히 화를 참으며 대꾸했다.

"내 남편은 히틀러를 무찌르고 영국을 구할 생각만 하고 있는 사람이에요. 그가 친척들이 조국을 배신하도록 도울 일도 없을뿐더러, 만약 그가 그런 일을 하려 한다면 내가 앞장서서 말릴 거예요."

"말이 너무 심한 거 아니니, 클레멘타인?"

"우린 윈스턴의 고모들이란 말이다!"

"아무리 그렇다고 해도 조국을 배신하겠다는 말씀에는 동의할 수가 없군요."

이때 윈스턴이 클레멘타인의 옆으로 불쑥 다가왔다.

"고모님들께 너무 심한 거 아니오, 클레멘타인?"

윈스턴의 모습을 발견한 친척들이 반색하며 일어섰다.

"오, 윈스턴! 드디어 만나게 되는구나!"

"네 아내가 우리를 얼마나 괄시했는지 아니?"

"우리가 너를 어렸을 때부터 얼마나 예뻐했는지 네 아내에게 말해 주렴!"

윈스턴이 클레멘타인의 어깨에 손을 얹으며 빙그레 미소 지었다.

"고모님들의 말씀이 맞아. 어려서부터 나를 친아들처럼 예뻐해주시던 분들이지."

"하지만……."

항의하려던 클레멘타인의 입술에 윈스턴이 손가락을 갖다 대며 막았다. 그리고 친척들을 향해 친근하게 웃어 보였다.

"여러분, 기쁜 소식이 있습니다. 제가 아마도 오늘 영국 총리로 취임하게 될 것 같습니다."

"……!"

윈스턴이 어리둥절한 표정의 친척들에게 시선을 고정시킨 채 말을 이었다.

"그런데 한 가지 문제가 있군요. 만약 제 친척들이 전쟁을 눈앞에 둔 조국을 등지고 도망친 후에도 저는 총리 직을 맡을 자격이 있을까요? 여러분은 어떻게 생각하십니까?"

친척들이 입도 벙긋 못 하고 돌아가자마자 클레멘타인이 윈스턴을 향해 돌아서며 물었다.

"총리라니, 어떻게 된 거예요?"

"방금 전 체임벌린 총리로부터 제안을 받았어."

"그래서 수락을 결심한 거예요?"

"실은 자신이 없어서 거부할 생각이었지."

윈스턴이 클레멘타인의 허리를 끌어당기며 애정 가득한 목소리로 말했다.

"그런데 친척들을 꾸짖는 당신을 보니 이런 생각이 들더군. 나는 언제부터 내 아내보다도 겁쟁이가 되었을까?"

"신께서 당신을 도와주실 거예요, 윈스턴."

"고맙소, 클레멘타인. 그리고 사랑하오."

9
나를 용서해줄래?

1940년 5월 10일, 런던 국회의사당 앞은 기자들과 시민들로 북적였다. 그들의 얼굴에는 희망과 불안이 교차하고 있었다. 오늘이 바로 대 독일 항쟁에 앞장섰던 윈스턴 처칠이 총리로 취임하는 날이기 때문이다. 독일은 유럽에서 연전연승하며 영국의 가장 강한 우군인 프랑스마저 굴복시키려 하고 있었다. 프랑스가 항복한다면 영국은 완전히 고립되고 말 것이다. 영국인들은 일찍이 독일의 침략을 경고했던 윈스턴이 승리를 가져다주길 희망했다. 하지만 그것이 얼마나 힘든 일인지 잘 알고 있기에 불안한 마음을 완전히 감출 수는 없었다.

"와아아아!"

짝짝짝짝짝!

윈스턴이 연설을 하기 위해 연단에 서자 의석을 가득 메운 의원들

9

이 일제히 일어나 환호와 박수를 보냈다. 온화한 미소를 머금은 채 동료 의원들을 둘러보던 윈스턴이 손을 들어 박수를 그치게 했다. 잠시 눈을 지그시 감은 채 생각에 잠겨 있는 윈스턴을 멀지 않은 곳에서 클레멘타인과 리사가 지켜보고 있었다. 클레멘타인이 두 손을 모으며 나직이 속삭였다.

"윈스턴, 부디 용기를 내세요."

그 소리를 들었는지 윈스턴이 천천히 눈을 떴다. 그리고 확신에 찬 목소리로 역사에 길이 남을 연설을 시작했다.

"대영제국의 총리로서 나는 동료 의원들에게 감히 말합니다. 내가 바칠 것은 피와 땀과 눈물밖에 없습니다. 우리는 가장 호된 시련을 앞에 두고 있습니다. 기나긴 투쟁과 고난의 세월이 우리를 기다리고 있습니다. 여러분은 우리의 정책이 무어냐 묻습니다. 나는 답할 수 있습니다. 그것은 땅에서, 바다에서, 하늘에서 전쟁을 수행하는 것입니다. 신께서 우리에게 허락한 모든 힘과 우리의 모든 능력을 다하여, 인류가 저지른 개탄스런 죄악의 목록 가운데에서도 가장 극악한 폭정과 맞서 싸우는 것입니다. 이것이 우리의 정책입니다. 여러분은 우리의 목적이 무엇이냐 묻습니다. 나는 한 마디로 답할 수 있습니다. 그것은 승리입니다. 어떠한 대가를 치르고서라도 반드시 승리합니다. 모든 공포를 이겨내고 반드시 승리합니다. 승리에 이르는 길이 아무리 길고 험난해도 반드시 승리합니다. 승리하지 않으면 생존할 수 없습니다. 기필코 승리를 쟁취합시다. 승리하지 않으면 대영제국이 존속할 길이 없고, 대영제국이 지탱해온 모든 것들이 존속할 수 없습니다. 승리하지 않으면 인류가 그 숭고한 목표를 향해 전진하게 만드는, 시대의 추동력도 존속할 수 없습니다. 나는 활기와 희망으로 나의 과업을 떠맡습니다. 나는 확신합니다. 우리의 대의와 소명은 결코 실패하지 않을 것입니다. 이 시점에서 나는 모든 이에게 도움을 호소하겠습니다. 자, 단결된 힘으로 우리 함께 전진합시다!"

"우와아아아!"

처음 연설을 시작했을 때보다 더 큰 환호성이 의사당을 가득 메웠다. 클레멘타인과 리사도 벅찬 감동으로 눈물을 글썽였다.

후우우웅—!

순간 리사의 몸 윤곽을 따라 눈부신 빛이 떠올랐다. 빛은 점점 강렬해지며 리사의 온몸을 감쌌다. 클레멘타인이 깜짝 놀라 돌아보았다.

"리, 리사! 네 몸에서 이상한 빛이 나고 있어!"

"내가 원래 살던 세계로 돌아가려는 것뿐이니까 걱정하지 마."

"원래 살던 세계라니……?"

"그런 곳이 있어. 그보다 윈스턴에게 이 말을 꼭 전해주었으면 해."

"무슨 말?"

"평소의 신념과 희망을 잃지 않는다면 불가능으로만 보이는 이 전쟁에서 반드시 승리할 수 있을 거라고 말이야."

"……?"

마치 미래를 예언하는 듯한 리사의 얼굴을 멍하니 바라보던 클레멘타인이 고개를 크게 끄덕였다.

"잘 알겠어, 리사. 반드시 전할게. 어디로 가든 행복하길 바라."

"클레멘타인도 언제까지나 행복해야 해. 안녕…… 나의 영원한 친구 윈스턴과 클레멘타인……."

마지막 인사를 끝으로 리사의 모습이 전운이 감도는 영국 런던에서 홀연히 사라졌다.

리사가 정신을 차렸을 때, 그녀는 여전히 이순임 할머니의 저택 앞에서 무릎을 꿇은 선재 뒤쪽에 서 있었다. 이미 한밤중이 되었다. 리사가 선재의 어깨에 손을 얹었다.

"그만 돌아가자. 할머니는 나오시지 않을 모양이야."

"……."

선재는 그 자리에 굳어버린 듯 꿈쩍도 하지 않았다. 리사가 선재의 어깨를 가볍게 흔들었다.

"선재야, 고집 그만 부리고……."

덜컹!

순간 대문이 열리며 휠체어에 탄 할머니와 손녀로 보이는 아가씨가 나타났다. 리사와 선재가 눈을 크게 뜨고 할머니를 보았다.

"할머니……."

할머니가 고개를 설레설레 흔들었다.

"어린 녀석들의 고집이 대단하구나. 송석범 그 사람이 어느 병원에 입원해 있다고 했지?"

"아……!"

할머니가 병실에 나타났을 때, 할아버지는 이미 대화를 나눌 만한 상황이 아니었다. 다만 할머니를 향해 부들부들 떨리는 손을 힘겹게 내뻗었을 뿐이다. 잠시 망설이는 듯하던 할머니가 그 손을 잡아주었다. 순간 할아버지가 갈라진 입술을 달싹여 간신히 중얼거렸다.

"미안…… 진정 미안해……."

"평생 당신을 원망하며 살았지만 이제는 용서할게요. 그러니 훌훌 털고 편하게 떠나도록 하세요."

"고, 고맙네……."

할아버지의 입가에 흐릿한 미소가 번지는 것을 지켜보며 리사와 선재는 눈물을 글썽였다.

투욱!

마침내 할아버지가 고개를 푹 떨구며 눈을 감았다. 하지만 할머니는 아직도 할아버지의 손을 놓지 않았다. 할머니의 눈가엔 어느새 물기가 번져 있었다.

"부디 잘 가요. 다음 생에선 우리 꼭 인연을 맺도록 해요."

그날 늦은 밤이 되어서야 리사와 선재는 병원 밖으로 나왔다. 두 사람은 한동안 입을 꾹 다문 채 막차 시간이 얼마 남지 않은 지하철역을 향해 걸음을 재촉했다. 리사가 우뚝 걸음을 멈춘 것은 그때였다. 의아한 듯 돌아보는 선재를 향해 리사는 머뭇거리다가 입을 열었다.

"할아버지와 윈스턴을 보면서 깨달은 게 있어."

"윈스턴이라니?"

"사람에겐 사과할 시간이 무한정 주어지지 않는다는 거야. 그래서 나도 더 늦기 전에 너에게 사과하고 싶어. 내가 이기적으로 행동한 주제에 오히려 너한테 화를 냈던 거 진심으로 미안해. 부디 너그럽게 용서해줘."

"……!"

갑작스런 사과에 선재가 충격을 받은 듯 리사의 얼굴을 멍청히 바라보았다. 어디선가 특별한 의미를 품은 밤바람이 불어와 두 사람의 머리카락을 흔들고 지나갔다.

2차세계대전을 승리로 이끈 위대한 정치가

1. 명문가에서 태어나다

처칠은 제7대 말보로 공작 존 스펜서 처칠의 삼남 랜돌프 헨리 스펜서 처칠과 미국의 부호 레너드 제롬의 딸 제니 제롬 사이에서 태어났다. 소년 시절의 처칠은 학교에서 말썽꾸러기에 낙제생이었다. 생활기록부에 따르면 그는 품행이 나쁜 학생으로 의욕과 야심이 없고 다른 학생들과 자주 다투며, 상습적으로 지각하고 물건을 제대로 챙기지 못하며 야무지지 못했다고 한다. 처칠은 성적도 최하위권이었지만 역사 과목만은 뛰어났다. 특히 그는 용감하고 모험심이 남달랐다. 비록 어려서는 두각을 나타내지 못했지만 그의 내면에는 이미 위인으로서의 자질이 싹트고 있었던 것이다.

2. 정치를 시작하다

해로우 학교를 졸업하고 두 번이나 낙방한 끝에 처칠은 1893년 샌드허스트육군사관학교에 입학했다. 하지만 성적이 좋지 않아 보병이 아닌 기병을 지망할 수밖에 없었다. 보병과 달리 기병 지망생에게는 처칠이 지독히도 싫어하는 수학 공부를 요구하지 않았기 때문이었다. 시작은 이렇게 보잘 것 없었지만 사관학교에서 처칠은 비로소 자신의 잠재력을 끌어올리는 데 성공했다. 그는 누구보다 용감하게 군사과목을 수행했고, 어느 때보다 열심히 공부에 집중했다. 그는 당시 "절대로! 절대로! 절대로 포기하지 마라!"는 좌우명을 세워두고 점차 강한 의지를 지닌 남자로 성장했다. 그 결과 150명 중 8등이라는 우수한 성적으로 사관학교를 졸업할 수 있었다.

졸업 후 소위로 임관한 처칠은 쿠바와 인도 등의 임지를 전전했지만 별 다른 전공을 세우거나 두각을 나타내지는 못했다. 처칠은 승진보다는 종군기자로서의 경력에 더 관심이 있었다. 그는 기자로 활동하고 책도 쓰면서 대중적 관심을 끌었다. 특히 1899년 남아프리카 보어전쟁에서 포로가 되었다가 탈출하여 전쟁 영웅으로 각광 받았다. 수용소에서 겨우 탈출한 처칠은 로마 가톨릭 교회 신부로 변장하여 돌아다니다가 영국인의 도움으로 숨어 지낼 수 있었다. 죽은 줄만 알았던 처칠이 무사히 귀국하자 연전연패하는 영국군에 실망한 영국인들은 그를 영웅처럼 대접했다. 이러한 인기를 바탕으로 처칠은 1900년 보수당 후보로 출마, 하원의원에 당선됐다. 의원이 된 처칠은 보수당의 보호관세정책에 반대하여 1904년에 자유당으로 당적을 옮겼다.

영국의 식민지에서 값싼 농산물이 대량으로 수입되어 농산물 가격이 폭락하자 귀족 지주들은 막대한 피해를 입었다. 그래서 귀족 계급의 이익을 대변하는 보수당은 대대적으로 관세를 인상해서 값싼 수입 농산물의 가격을 귀족 지주들이 생산한 농산물의 가격과 맞추려는 제도를 만들었는데 이게 바로 보호관세정책이다. 이 정책은 귀족들에겐 이익이 될지 모르지만 값싼 농산물을 먹길 원하는 가난한 평민들에게는 큰 손해가 되었다. 그래서 처칠은 고민 끝에 관세인상정책에 반대하고, 당적까지 옮기게 되었던 것이다.

처칠은 보호무역에 대해 국회에서 신랄한 비판을 서슴지 않았다. 그는 "세금을 올려 부자가 되겠다는 생각은 양동이에 들어가 손잡이만 들어 올리면 공중부양이 가능하다고 믿는 것이나 마찬가지"라고 목소리를 높였다. 이 외에도 처칠은 자신이 속한 귀족 계급의 이익을 외면하고 빈부격차 해소를 통한 사회 통합에 심혈을 기울였다. 고용보험, 건강보험 등 사회보험 도입을 주도하고 고용 안정을 통한 사회복지를 추진했다는 점에서 처칠은 시대를 앞서간 선각자였다. 그는 만성적 실업을 완화하기 위해 직업소개소 제도를 입법화했다. 처칠에 의해 설치된 직업소개소는 실업자들의 구직 활동을 적극 지원했다. 또한 처칠은 고용보험 도입을 주도했는데 고용의 안정성이 떨어지는 저임금 노동자들을 대상으로 하여 보험료는 노동자, 고용주, 정부가 분담하도록 하는 제도였다. 노동자와 고용주가 각각 일주일에 2.5펜스를 부담했고, 정부는 이 합계의 1/3을 보조했다.

귀족이면서 평민의 이익을 대변하는 처칠의 정치적 인기는 점점 높아졌다. 이런 인기를 바탕으로 그는 1906년부터는 자유당 내각의 통상장관, 식민장관, 해군장관 등을 역임하며 승승장구했다.

3. 1·2차세계대전

처칠은 제1차세계대전 당시 해군장관을 맡고 있었다. 그는 전쟁이 일어나기 전부터 군함의 연료를 석탄에서 석유로 바꾸어 속도를 빠르게 향상시키는 등의 국방개혁에 열을 올렸다. 하지만 독일이 잠수함을 개발하는 바람에 처칠의 개혁은 큰 효과를 보지 못했다. 갈리폴리 전투에서 오스만 투르크(터키)의 무력을 약화시키기 위해서 영국군을 파병하기도 했지만 인명과 재산피해가 커서 사실상 실패한 작전이 되었다.

처칠은 작전 실패에 대한 문책으로 장관직에서 사퇴했다가 얼마 후 중령으로 복귀하여 전쟁에 다시 참전했다. 그는 유머를 활용하고 복지를 개선하여 군인들의 사기를 높였다. 모든 부대에 이동식 목욕탕을 제공하여 병사들 사이에 만연하던 피부병을 치료하게 하기도 했다. 당시 처칠이 전투의 공포에 질려 있는 병사들에게 "겁먹지 말게. 전쟁은 웃으면서 하는 것이야."라고 말했다는 일화는 지금까지도 유명하다.

1차세계대전이 끝나고, 1924년 처칠은 다시 보수당으로 복귀했다. 5년 뒤 영국 정계는 극심한 혼란에 빠졌다. 독일에서 히틀러의 나치 정권이 탄생하는 등 유럽 곳곳에서 파시즘이 세력을 넓혀가고 있었기 때문이다. 처칠은 히틀러가 언젠가는 영국과 연합국을 침공할 것이라고 예상하고 강경대응을 요구했다. 하지만 보수당의 체임벌린 총리와 대다수의 의원들은 처칠의 경고를 무시했다. 결국 처칠은 체임벌린 총리와 의사당에서 격론을 벌였고, 총리와의 정치적 견해 차이로 1931년 거국내각, 1935년 보수당내각에도 불참했다.

체임벌린 총리의 독일에 대한 거듭한 양보에도 불구하고 1939년 9월 1일 독일이 폴란드를 침공함으로써 2차세계대전이 발발했다. 프랑스와 영국은 즉각 대독 선전포고를 시작하며 전쟁에 뛰어들었지만, 영국의 가장 든든한 동맹이었던 프랑스가 1940년 6월 독일에 항복함으로써 영국은 고립무원에 빠졌다.

1940년 5월 독일의 침공을 오판한 체임벌린 총리가 물러나고, 해군장관으로 독일과의 해전을 담당하고 있던 처칠이 조지 6세의 승인을 받아 총리에 임명됐다. 총리에 취임한 처칠은 의회에서 역사에 길이 남을 연설을 했다.

"이 정부에 참여한 장관들에게 이야기했던 대로 의회에 말합니다. 내가 바칠 것은 피와 땀과 눈물밖에 없습니다. 우리는 가장 호된 시련을 앞에 두고 있습니다. 기나긴 투쟁과 고난의 세월이 우리를 기다리고 있습니다. 여러분은 우리의 정책이 무어냐 묻습니다. 나는 답할 수 있습니다. 그것은 땅에서, 바다에서, 하늘에서 전쟁을 수행하는 것입니다. 신께서 우리에게 허락한 모든 힘과 우리의 모든 능력을 다하여, 인류가 저지른 개탄스런 죄악의 목록 가운데에서도 가장 극악한 폭정과 맞서 싸우는 것입니다. 이것이 우리의 정책입니다. 여러분은 우리의 목적이 무엇이냐 묻습니다. 나는 한 마디로 답할 수 있습니다. 그것은 승리입니다. 어떠한 대가를 치르고서라도 반드시 승리합니다. 모든 공포를 이겨내고 반드시 승리합니다. 승리에 이르는 길이 아무리 길고 험난해도 반드시 승리합니다.

승리하지 않으면 생존할 수 없습니다. 기필코 승리를 쟁취합시다. 승리하지 않으면 대영제국이 존속할 길이 없고, 대영제국이 지탱해온 모든 것들이 존속할 수 없습니다. 승리하지 않으면 인류가 그 숭고한 목표를 향해 전진하게 만드는, 시대의 추동력도 존속할 수 없습니다. 나는 활기와 희망으로 나의 과업을 떠맡습니다. 나는 확신합니다. 우리의 대의와 소명은 결코 실패하지 않을 것입니다. 이 시점에서 나는 모든 이에게 도움을 호소해야겠습니다. 자! 단결된 힘으로 우리 함께 전진합시다!"

처칠의 연설 이후 영국인들은 용기와 희망을 품고 전쟁에 임하기 시작했다. 하지만 처칠은 지인에게 이렇게 말했다고 한다. "불쌍한 국민들, 불쌍한 사람들. 그들은 나를 믿고 있어. 내가 그들에게 줄 수 있는 건 오랜 재앙밖에 없는데도 말이야." 바야흐로 한층 격화된 전쟁의 소용돌이 속에서 영국인들이 희생될 수밖에 없다는 것을 처칠은 누구보다 잘 알고 있었던 것이다.

처칠은 무려 1700여 대의 전투기를 동원한 독일의 영국 공습을 막아냈고, 이후 참전한 미국과 연합국을 결성하여 유럽의 여러 전선에서 독일군을 몰아내고 승리를 향해 전진하기 시작했다. 1945년 5월 히틀러가 자살하고, 독일이 무조건 항복함으로써 제2차세계대전은 끝이 났다. 하지만 같은 해에 치러진 총선에서 패배하면서 처칠은 총리 직에서 사임했다.

4. 화가이자 작가

처칠은 아마추어 수준을 뛰어넘는 화가이기도 했다. 1915년 갈리폴리 작전의 실패에 대한 책임을 지고 해군장관직에서 사임한 뒤부터 그림이라는 취미에 몰두하기 시작한 그는 이 취미를 통해 스트레스와 우울에서 벗어날 수 있었다. 처칠은 특유의 활기차고 정력적인 분위기와는 달리 실제로는 평생 우울증에 시달린 것으로 알려졌다. 그림은 그런 그에게 특별한 안식처와도 같았다. 그는 특히 인상파 풍의 풍경화로 유명했다. 전후에 처칠은 여러 나라에서 전시회를 열었고, 그와 마찬가지로 그림에 취미가 있는 아이젠하워의 주선으로 미국에서 회고전을 열기도 했다.

처칠은 신문에 기고한 많은 에세이와 시사평론은 물론 소설, 전기, 회고록, 역사서 등을 집필한 정력적인 작가이자 저술가였다. 대표작은 6권

분량의 회고록 〈제2차세계대전〉과 카이사르의 영국 침공 시기부터 제1차 세계대전까지를 아우르는 〈영어 사용민의 역사〉다. 그는 '전기와 역사서에서 보여 준 탁월함과, 고양된 인간적 가치를 수호하기 위해 행한 훌륭한 연설'을 이유로 1953년 노벨문학상을 수상했다. 당시 문학상 후보였던 헤밍웨이는 "처칠은 구어의 대가이기 때문에 노벨문학상의 취지와 맞지 않다"고 지적했지만, 스웨덴 한림원 측은 처칠의 전시 연설도 문학적 가치가 있다고 평가했다.

드높은 사회적 명성과 귀족 가문 상류층이라는 신분적 지위, 여기에 하원의원, 장관, 총리라는 위치에도 불구하고 처칠은 개인적 재정 상태를 늘 걱정해야 했다. 그것은 그의 낭비벽 때문이었다. 처칠은 신문과 잡지 기고 원고료와 저서의 인세 수입으로 낭비벽을 충족시킬 수 있었다. 그는 직업적 정치인이었지만 적어도 수입 측면에서는 전업 작가 비슷했던 셈이다.

처칠이 학교 시절 대부분의 학과목에서 뒤쳐졌지만 역사와 영어 과목만은 뛰어났던 것에서 작가와 연설가로서의 자질을 엿볼 수 있다. 그가 독서광이었다는 것도 빼놓을 수 없다. 장교로 임관하여 여러 임지를 전전하면서 처칠은 독서에 몰두했다. 특히 역사와 정치 관련 도서를 집중적으로 탐독했는데, 에드워드 기번의 〈로마제국흥망사〉가 특히 애독서였다. 급박하게 전개되는 역사의 흐름을 읽어내고 격조 높은 문장과 연설문을 쓸 수 있었던 것도 역사서 탐독 덕분이었다고 할 수 있다. 그는 1932년에 출간한 산문집에 실린 '취미'라는 글에서 이렇게 독서를 권했다. "설령 책이 당신의 친구가 되지는 못하더라도, 최소한 당신과 일면식이 있는 관계로 묶어둘 수는 있지 않은가. 설혹 책이 당신의 삶에서 친교의 범위 안으로 들어오지는 못한다 해도, 아는 체하며 가벼운 인사 정도는 반드시 하고 지낼 일이다."

5. 영국인들이 가장 존경하는 정치인

처칠은 1945년 총선 패배 뒤 1951년 다시 총리에 취임하고 '경'의 칭호를 받았지만, 1955년 당수 자리를 R. A. 이든에게 물려주고 하원 평의원으로 머무르다가 1964년에 의원직에서 물러났다. 기력이 쇠하면서 우울증이 심해져 "나는 많은 걸 이루었지만, 결국 이룬 건 없다"는 탄식을 자주 했다고 한다.

처칠은 90세를 일기로 1965년 1월 24일 일요일 아침 세상을 떠났다. 세계대제국으로 '해가 지지 않는' 빅토리아 시대에 태어나 청년 시절을 보내고, 대영제국의 최전성기에 장년과 노년 초기를 살았으며, 제2차세계대전 승리의 주역이었지만, 세계 패권이 미국에 넘어가 영욕이 교차하는 시대를 겪고 동서 냉전이 심화되는 시기까지 살았다. 어떤 의미에서 처칠의 삶은 곧 영국이었다. 2002년 BBC가 영국인 1백만 명을 대상으로 조사한 '위대한 영국인 100명' 가운데 아이작 뉴턴과 셰익스피어를 제치고 처칠이 당당하게 1위를 차지한 것이 이를 잘 말해준다.